AF569897

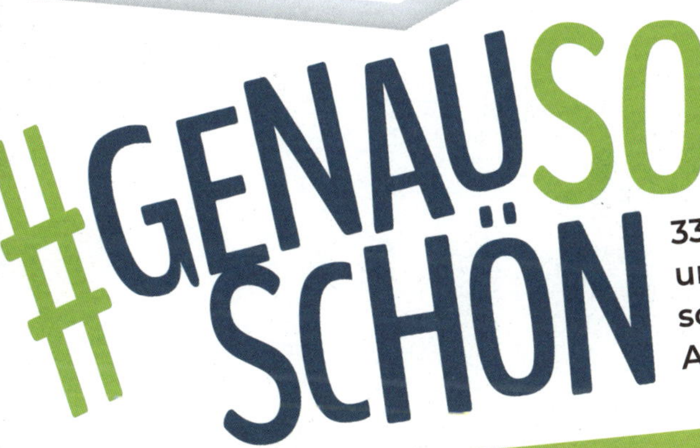
#GENAUSO SCHÖN
33 Traumziele und ihre schönsten Alternativen
IN BAYERN

Die Zugspitze lässt tief blicken

LIEBE LESERIN, LIEBER LESER,

die meisten Traumziele in Bayern kennt man, und zwar zu Recht. Kein Wunder, dass es einen dorthin zuerst zieht. Aber: Muss man Neuschwanstein gesehen haben? Ja schon, aber vielleicht nicht nur bei einer Führung, denn viel phänomenaler offenbart sich der Jahrhundertbau zum Beispiel bei einem Gang rund um den Alpsee. Und mindestens genauso spannend – und weniger überlaufen – sind möglicherweise Ziele wie das Hohe Schloss in Füssen oder Schloss Mespelbrunn.

Es sind diese Alternativen, denen wir mit diesem Band nachspüren. Gerade Bayern ist so vollgepackt mit landschaftlicher Schönheit und historischer Substanz, dass es leichtfällt, Neues zu entdecken.

Viel Spaß auf allen 33 Haupt- und den über 100 Nebenschauplätzen wünscht

Jörg Dauscher

Hoch über Coburg thront die Veste: Genauso beeindruckend wie die Nürnberger Burg.

INHALT

In Münchens Residenz sind die Kleinodien der bayerischen Könige ausgestellt.

Auf den Wendelstein gelangt man ganz bequem mit Deutschlands ältester Hochgebirgsbahn.

Traumhafter Blick über den Eibsee auf das Wettersteingebirge mit der Zugspitze

LIEBLINGE DES AUTORS

6

Rothenburg // Miltenberg

Das Taubertal kenne ich aus meiner Kindheit. Für diesen Band war ich erneut vor Ort, und was soll ich sagen? Rothenburg ist eine Perle, die Stadt hat die Aufmerksamkeit mehr als verdient! Miltenberg liegt direkt am Main und stellt das Gegenstück dar: genauso viel Fachwerk, genauso alt und genauso schön wie Rothenburg.

#Fachwerk-romantik

Rothenburg

Milten

#Idyllisches Tal

Oytal // Einödsbach

In weniger als einer halben Stunde schlüpft man von Oberstdorf aus in das wildromantische Oytal mit dem Stuibenfall – keine Siedlung mehr, nur noch ein Gasthof und dazu schroffe Felswände.

Wer es noch rauer und gebirgiger mag, der fährt bis zum Einödsbach hinaus: Durch den strengen Einschnitt des Bacher Lochs gelangt man mitten in die wilde Bergwelt.

33

#Panoramaweg

Altmühltal // Hochgrat

8

dem Almühltalpanoramaweg wandert man durch den fränkischen Jura wechselt mit jeder Flussbiegung die Welt. Zu Recht ein Traumziel!

z ähnlich verhält es sich mit dem Hochgrat in der Nagelfluhkette südlich Oberstaufen, wo man – oben angekommen – den Grat entlangwandert weit ins Land blickt.

... UND LOS GEHT'S

MIT DEN TRAUMZIELEN UND IHREN ALTERNATIVEN!

#Biergenuss

1 Rauchbier in Bamberg

Touristen sitzen tischweise im Gewölbe der Rauchbierbrauerei Schlenkerla und beäugen vorsichtig ihr Glas. Das Geheimnis des Rauchbiers offenbart sich dem bloßen Auge, aber nicht unbedingt dem Gaumen, sondern muss historisch gelüftet werden: Vor der Industrialisierung wurde Braumalz häufig über Rauch getrocknet und so haltbar gemacht. Während des Brauens ging dieser Rauchgeschmack auf den Gerstensaft über. Rauchbier war also, bevor industrielle und kostengünstigere Trocknungsmethoden in Mode kamen, durchaus üblich. Schlenkerla ist jedoch die einzige Brauerei, die diese Spezialität heute noch traditionell herstellt. Das Resultat schmeckt gewöhnungsbedürftig, was sogar die Brauerei zugibt: Erst beim zweiten Glas käme man so richtig auf den Geschmack! Zum Glück gibt es in Bamberg genügend Auswahl, und wer in Franken »Ein Bier!« bestellt, bekommt ein Helles.

Schlenkerla, Dominikanerstraße 6, 96049 Bamberg, www.schlenkerla.de

// Einblick

Alles, was man über das Bierbrauen wissen muss, erfährt man im Fränkischen Brauereimuseum in der einstigen Bamberger Klosterbrauerei.

Zentrum der Altstadt ist eine Flussinsel mit dem Rathaus

1 Felsenkeller in Roßdorf

Noch vor 20 Jahren hatte fast jedes fränkische Dorf seine eigene Brauerei und sein eigenes Bierfest. Nach München zum Oktoberfest zu fahren war undenkbar. Lieber hielt man sich an die heimische Gastronomie und ging sommers »auf einen Keller«. Damit sind Stollen gemeint, die einst in die Felsen getrieben wurden, um Bier gleichbleibend kühl aufbewahren zu können. Dort wurde das ursprünglich nur im März gebraute, kräftige Vollbier gleichen Namens für den Sommer eingelagert. Der höhere Alkoholgehalt sorgte im Zusammenspiel mit der kühlen Temperatur für Haltbarkeit. Die Nutzung der durch Laubbäume verschatteten Fläche vor Haus und Keller ergab in der Folge die typische fränkische Biergartenkultur, denn wo ist man im Sommer lieber als im Schatten beim Bier?

Roßdorfer Felsenkeller, Zum Felsenkeller 1, 96129 Strullendorf, brauerei-sauer.de/felsenkeller

// Check

Bevor es »auf den Keller« geht, Öffnungszeiten checken. Die meisten haben nur im Sommer und auch nur an bestimmten Wochentagen offen!

Bier soll in Maßen genossen werden

Der Hopfen stiftet dem Bier Struktur und Aromatik

2 Hallertau

Nicht alle, aber die meisten bayerischen Brauer (und viele weitere in aller Welt) beziehen ihren Hopfen aus der Hallertau. Die hügelige Region zwischen Kelheim im Norden und Landshut im Süden hat für den Hopfenanbau ideale Bedingungen und ist deshalb seit Jahrhunderten das größte zusammenhängende Anbaugebiet der Welt. Vor allem zur Erntezeit riecht man das, Hopfen gehört nämlich zur Familie der Hanfgewächse. Das ganze Jahr über aber sieht man es auch: Hopfen benötigt riesige Rankhilfen, welche die Hallertau optisch dominieren. Pflegeleicht ist die Pflanze nicht: Schon im April wird »angedreht«, also der schönste Trieb um den Draht gewickelt, sodass dieser pro Tag bis zu zehn Zentimeter wachsen kann. Vor Ort heißt es deshalb, der Hopfen wolle seinen Herrn jeden Tag sehen – jedenfalls bis dann Ende August/Anfang September die Ernte endet.

Hopfen ist übrigens nicht nur für Aroma und Bitternote im Bier zuständig, sondern sorgt auch für die sogenannte Blume im Glas: die Schaumkrone.

www.hopfenland-hallertau.de

// Anlaufstation

Das Deutsche Hopfenmuseum in Wolznach informiert umfassend über den Hopfenanbau in der Hallertau. Und der geht immerhin auf das 16. Jahrhundert zurück (Elsenheimerstraße 2, 85283 Wolnzach, www.hopfenmuseum.de).

Der Zwiebelturm von St. Stephan beherrscht Rettenberg – neben dem Grünten.

3 Brauereidorf Rettenberg

Dass das Dorf Rettenberg unmittelbar zu Füßen des Grünten im Oberallgäu liegt, der mit seinen 1738 Metern als Wächter des Allgäus gilt – geschenkt! Landschaftlich ist es idyllisch dort im Hochtal, aber darüber hinaus schwimmt Rettenberg in Bier: Auf gerade einmal 4500 Einwohner kommen gleich drei Brauereien!

Zötler gilt gleichzeitig als die älteste Familien-Brauerei Deutschlands, es folgt die Privatbrauerei Engelbräu und die kleinere Bernadi Bräu. Die Bierwanderung, die alle drei Standorte verbindet, ist mittelschwer, obwohl sie nur sieben Kilometer zählt. Das liegt nicht allein an der Einkehr und am Biergenuss, sondern auch daran, dass Bernadi Bräu eine Bier Alp betreibt und damit die höchstgelegene Privatbrauerei des Landes ist. Die Gemeinde meint es ernst, wenn sie Rettenberg offensiv als Bier.Genuss.Dorf bewirbt – wofür sie wiederum vom Bayerischen Brauerbund mit der »Goldenen Bieridee« belobigt wurde, ungelogen! www.gemeinde-rettenberg.de/dorfgemeinde/brauereidorf

// Steigerung

Der Wirt der Enzianhütte im nahen Rappenalptal hinter Oberstdorf braut sein Bier selbst. Und das auf 1800 Metern (www.enzianhuette-oberstdorf.de).

Oben auf dem Stein liegt einem Würzburg und das Maintal zu Füßen.

#Rebgarten

2 Würzburg

Absolut unübersehbar und auch vom Zug aus beeindruckend zeigt sich der Würzburger Stein, die hiesige Premiumlage. Der sogenannte Steinwein wird traditionell dort kultiviert, wo sonst keine Kulturpflanzen wachsen: auf kargem oder steilem Boden. Der Muschelkalk des Steins sorgt für Struktur und Mineralität in den Weinen, die Hanglage unmittelbar am Main für fast mediterranes Klima und perfekte Sonneneinstrahlung. Hauptsächlich Riesling und Silvaner wird hier von den traditionsreichen Würzburger Weingütern angebaut: dem Bürgerspital, dem Juliusspital und dem Hofkeller.

1726 beschloss der Würzburger Stadtrat, die Steinweine ausschließlich in Bocksbeutel abzufüllen. Dass Lagenweine etwas Besonderes sind, ist also keine neue Marketingstrategie. Schon Goethe war Fan und schrieb über den Wein vom Stein: »Kein anderer Wein will mir schmecken.«

Würzburger Stein, Steinbergweg, 97080 Würzburg

// Ortstermin

Die einzelnen Parzellen sind zwar in Privatbesitz, aber dennoch zugänglich: über den Stein-Wein-Pfad. Der Weg bietet sowohl Einblick in den Weinbau als auch Ausblick auf Würzburg am anderen Mainufer.

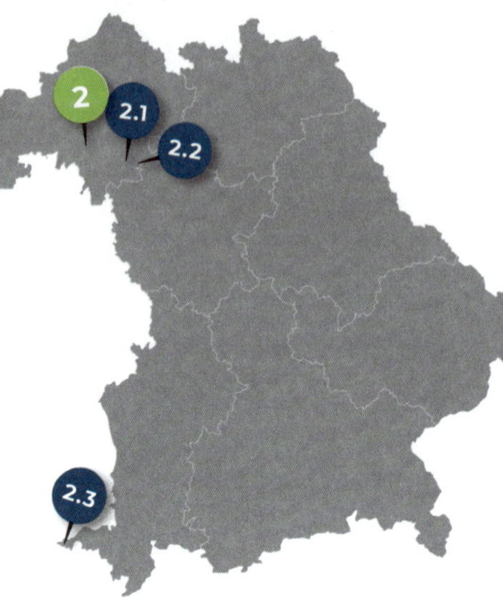

1 Castell

Unweit von Würzburg und in Richtung des Steigerwalds beginnt das Land des Silvaners – einer Rebsorte, die aufgrund geringer Säure in kühleren Lagen auftrumpft und deren Heimat unbestritten die kleine Gemeinde Castell ist. Durch das dort ansässige gleichnamige Adelshaus wurden 1659 nachweislich die ersten Reben dieser Sorte gepflanzt und eingemeindet. Silvaner stammt ursprünglich aus Österreich, spielt dort aber kaum noch eine Rolle – ganz im Gegensatz zu Franken.

Interesse an Wein muss man aber gar nicht haben, um das Wechselspiel von Steillagen, Hügellandschaft und Wäldern zu genießen – von der Gesamtidylle, welche der Ort samt dem Stammsitz der Familie Castell bietet, ganz zu schweigen. Fürstlich Castell'sches Domänenamt heißt deren Weingut offiziell, das besucht und besichtigt werden kann und das direkt am Schlossplatz zudem ein Ladengeschäft unterhält.

Fürstlich Castell'sches Domänenamt, Schlossplatz 5, 97355 Castell

// Aussicht

Oberhalb von Castell, am Waldrand befindet sich die offiziell »Schönste Weinsicht Frankens«. Von dort genießt man einen herrlichen Blick über die Parzellen zum Dorfkirchturm.

Malerisch inmitten von Weinbergen und an den Hängen des Steigerwalds: das Dorf Castell

Um welche Sorte es sich handelt und worin die Unterschiede bestehen, erfährt man auf dem Weinlehrpfad von Abtswind.

2 Abtswind

Gleich um die Ecke von Castell liegt die Ortschaft Abtswind, wo man sehr informativ durch die Rebgärten geleitet wird: Wer schon immer wissen wollte, wie sich die Arbeit im Wingert gestaltet und worin die Unterschiede der einzelnen Sorten bestehen, der begebe sich auf den 1. Bayerischen Weinlehrpfad. Dieser führt in die Hanglagen oberhalb von Abtswind und in einen Weinlehrgarten, wo einem Silvaner, Müller-Thurgau und Scheurebe spielerisch nahegebracht werden. Picknick einpacken, denn am höchsten Punkt lädt ein Rondell zum Verweilen – mit Sicht bis hinüber zum Spessart und auf die Rhön!

Zurück im schmucken Ortskern kann man das erworbene Wissen in die Tat umsetzen, beziehungsweise im Glas überprüfen. Entweder man besucht eines der Weingüter oder man kehrt im familiengeführten Gasthof Zur Schwane ein, dort sind Steigerwälder Weine zahlreich auf der Karte vertreten.

Fremdenverkehrs- und Heimatverein Abtswind e. V., Kinderschulgasse 6, 97355 Abtswind, www.tourismus-abtswind.de

// Apropos Picknick

Die gut acht Kilometer lange Traumrunde um Abtswind führt ebenfalls zunächst durch Weinberge, dann aber über Hohlwege ganz hinauf in den Wald – jede Menge Picknickplätze inklusive.

3 Nonnenhorn

Südlich von Mainfranken und Steigerwald ist Schluss mit Rebgärten, das Klima spielt nicht mehr mit – das restliche Bayern wird getränketechnisch von Gerstensaft und Hopfenanbau dominiert. Das ganze restliche Bayern? Nein, die kleine Gemeinde Nonnenhorn am sonnigen Nordufer des Bodensees baut unverzagt Rebensaft aus, wobei sie vom Seeklima und von der Föhngasse des oberen Rheintals profitiert. Weinbau hat dort eine lange Tradition: Im 9. Jahrhundert siedelte sich auf der Landzunge

Der sogenannte Torkel ist eine mittelalterliche Weinpresse.

Der Bodensee stiftet dem Wein das nötige Mikroklima.

ein Frauenkloster an, daher auch der Name. Mönche begannen wenig später mit dem Weinbau. Noch heute zeigt das Gemeindewappen eine Nonne auf der einen und ein Füllhorn mit goldener Weintraube auf der anderen Seite. Eine gigantische Weinpresse von 1591 (ein sogenannter Torkel) steht frei zugänglich mitten im Ortskern und belegt die Traditionslinie. Sieben Winzer führen diese heute fort und vermarkten ihre Produkte als Bayerischen Bodensee-Landwein. Ein Großteil wird direkt verkauft oder gleich vor Ort ausgeschenkt.

Der alte Weintorkel, Conrad-Forster-Straße 38, 88149 Nonnenhorn

// Torkeln

Jeden Mittwoch um 17 Uhr gibt es eine kleine Weinprobe nebst Erläuterungen am alten Torkel. Und ja, Verb und Substantiv stammen beide vom lateinischen torculum für Weinpresse.

Lustwandeln im streng geometrischen Residenzgarten kann man das ganze Jahr über.

#Barocke Perle

3 Würzburger Residenz

Die Würzburger Residenz samt Hofgarten wird schon mal mit Versailles oder Sanssouci in einem Atemzug genannt, und das ist nicht übertrieben. Als einstiger Sitz der Fürstbischöfe beeindruckt der Bau schon durch seine schiere Größe. Üppig fällt auch das Innenleben mit reich verzierten Treppenaufgängen, Freskomalereien und den überbordenden Paradezimmern aus. Letztere dienten dem Kaiser, so er auf Besuch kam, als Empfangs- und Repräsentationsgemächer – ein Raumkunstwerk, ein Schloss im Schloss, das wie der gesamte Bau als UNESCO-Welterbe ausgezeichnet ist. 60 Jahre dauerten die Bauarbeiten insgesamt, 1781 wurden sie unter Baumeister Balthasar Neumann abgeschlossen. Diesem ist das Kunststück gelungen, die Ideen und Vorschläge seiner Architekten und Kunsthandwerker zu einer einzigen »Synthese des europäischen Barock« zu verschmelzen, wie die UNESCO feststellt.

Residenzplatz 2, 97070 Würzburg, www.residenz-wuerzburg.de

// Eine Nummer kleiner

Auch nicht von schlechten Eltern (und ebenfalls im Barockstil gehalten) ist die Sommerresidenz der Fürstbischöfe. Diese befindet sich wenige Kilometer den Main abwärts in Veitshöchheim, also nördlich von Würzburg.

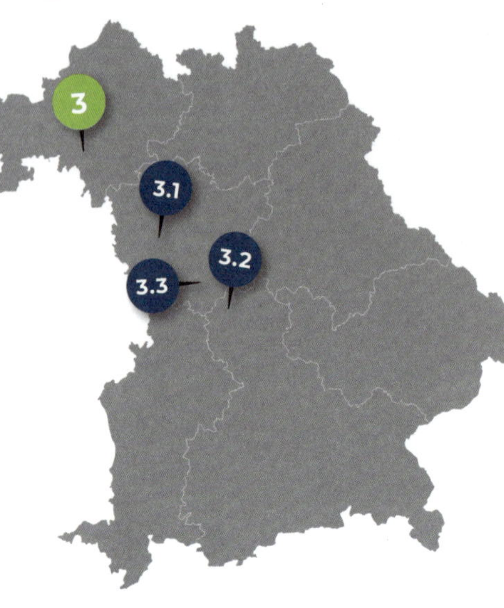

1 Residenz Ansbach

Auch im nahen Ansbach ergab sich in absolutistischen Zeiten die Notwendigkeit repräsentativen Wohnens. Diesmal für die Markgrafen von Brandenburg-Ansbach. Diese ließen sich zwischen 1705 und 1730 eine mittelalterliche Anlage zur barocken Residenz ausbauen und einen Hofgarten anlegen. Das ist der Grund, warum die barocke Residenz über einen gotischen Saal mit Kreuzrippengewölbe verfügt und auch sonst nicht aus einem Guss ist. Architektonisch vielleicht ein Manko, für den Besucher jedoch ein zusätzlicher Reiz! Die zentralen Prunkräume sind überdies außerordentlich gut und original erhalten, denn nach Abdankung der Markgrafen erfolgte keine Neugestaltung mehr, die Residenz hatte schlicht ausgedient.

Ein Echo der Zeit der Pferde: die Skulptur »Anscavallo« des Bildhauers Jürgen Goertz

Keine Residenz ohne reizvollen Garten – auch nicht in Ansbach

/erschiedene Ausstellungen sind heute dort
ıntergebracht, unter anderem eine Sammlung
Meißner Porzellans. Leicht unheimlich wirken
ndes die drei ausgestopften Pferde – auch diese
ind noch aus der Barockzeit und illustrieren die
3edeutung der Paarhufer bei Hofe.
*Residenz Ansbach, Promenade 27, 91522 Ansbach,
www.schloesser.bayern.de/deutsch/schloss/objekte/
nsbach.htm*

// Size Matters

Nicht minder beeindruckend, da von den Ausmaßen eines Schlosses, ist die barocke Orangerie im Hofgarten.

2 Eichstätt

Die Bistumsstadt liegt über dem Jura und damit in Oberbayern, wo die barocke Lebensweise und der Katholizismus zu Hause sind. Eichstätt will als Gesamtkunstwerk begriffen und durchstreift werden, so dominant zeigt sich dort die barocke Bauweise. Wie in Würzburg zeichnet die Herrschaft von Fürstbischöfen für die Opulenz des Stadtkerns verantwortlich. Natürlich gibt es auch hier eine Residenz, aber die lassen wir zugunsten der Straßen und Plätze links liegen: Ein gutes Dutzend Domherrenhöfe prägen Eichstätts Stadtbild, dazu kommen die Putten der Brunnen, die verschiedenen Kirchen und die massive Front der Kavalierhöfe, in denen sich heute Forstamt und Finanzverwaltung dasselbe Mansardendach teilen. Besonderen Reiz hat zudem der Hofgarten aufgrund seiner Lage zur Altmühl hin, aber mehr noch wegen der drei Pavillons, die, durch eine Mauer verbunden, sozusagen eine barocke Perlenkette bilden.

Tourist-Information, Domplatz 8, 85072 Eichstätt, www.eichstaett.de

// Urzeit

Auf der Eichstätter Willibaldsburg findet sich das zweitgrößte Naturkundemuseum Bayerns. Dort sind Versteinerungen des Urzeitvogels Archaeopteryx ausgestellt, der vormals das Altmühltal bevölkerte.

Eichstätt: ein barockes Gesamtkunstwerk!

Das Schloss ist nur eine von 50 Stationen auf dem Barockrundweg durch die fränkische Kleinstadt.

3 Deutschordensschloss Ellingen

Schon das Rathaus im Ort glänzt mit barocker Ausgestaltung, wird aber durch das mächtige Deutschordensschloss ein paar Hundert Meter weiter übertrumpft. Ellingen nennt sich zwar Stadt, ist auch ummauert und verfügt über ein schmuckes Tor, kommt aber dennoch eher dörflich daher. Man wundert sich, wie all die Pracht dorthin kommen konnte, zumal Altmühlfranken ansonsten eher durch Fachwerk und Mittelalter geprägt wird. Der Grund liegt in einer Schenkung vor 800 Jahren: Kaiser Friederich II. überantwortete 1216 das Ellinger Hospiz dem Ritterorden. Das beschauliche Ellingen wurde im Laufe der Jahrhunderte zu einer der mächtigsten Sektionen des Deutschen Ordens, daher der Neubau eines opulenten Schlosses ab 1718 – also zur Hochzeit des Barock. Auch die katholische Pfarrkirche geht auf das Konto der Ritter, ebenso die am Ortseingang verborgen liegende Orangerie. Diese dient allerdings nurmehr als Geräteschuppen, und wo einst der Lustgarten gewesen sein muss, sprießt jetzt Spargel.

Deutschordensschloss, Schlossstraße 9, 91792 Ellingen, www.stadt-ellingen.de

// Einkehr

Direkt gegenüber dem Hauptgebäude unterhält die Schlossbrauerei Fürst Carl eine Restauration: klassisch fränkisch, draußen unter Kastanien, mit Schäufele und Knödel. Und mit gutem Bier!

Ein Hufabdruck an der Burgmauer bezeugt die abenteuerliche Flucht des Raubritters Eppelein von Gailingen zu Pferde.

#Burganlage

4 Nürnberg

Der Name bedeutet so viel wie »Nur ein Berg«, und auf just diesem – also eher auf einer Sandsteinanhöhe – steht im Norden über der Altstadt die Burg. »Majestätisch« ist für die weithin sichtbare Anlage der passende Begriff, sie war auch einst die Residenz des Kaisers – bis 1806 Schluss war mit dem Kaiserreich. Nürnbergs Wahrzeichen besteht aber eigentlich aus gleich zwei Burgen: die der Burggrafen macht den älteren Teil aus, die Gebäude der Kaiserburg im Westen sind jüngeren Datums. Von hier aus wurden die Geschicke des Reiches gelenkt, hier traf der Reichstag ebenso zusammen wie die wichtigsten Handelswege. Nicht nur die Burg zeigt diese herausgehobene Machtposition Nürnbergs an, auch die imposanten Wehranlagen rund um die Altstadt sprechen Bände.

Kaiserburg Nürnberg, Burg 17, 90403 Nürnberg, www.kaiserburg-nuernberg.de

// Ein Fass aufmachen

Beim Wanderer, direkt unterhalb der Burg, trifft sich halb Nürnberg an Sommerabenden. Berühmt ist die Kneipe für das wechselnde regionale Bier, das vom Fass ausgeschenkt wird.

Die Alternativen

1 Pappenheim

Ein Ort, der jedem geläufig ist. Schuld ist der Satz, den Schiller Wallenstein in den Mund legte: »Daran erkenn' ich meine Pappenheimer.« Des Dichters Drama ist im Dreißigjährigen Krieg angesiedelt. General Wallenstein wartete auf weitere Truppenteile, angeführt von Marschall von Pappenheim.

Dessen Heimstatt wiederum (und damit die aller real existierenden Pappenheimer) liegt gut 60 Kilometer südlich von Nürnberg malerisch in einer Schleife der Altmühl, unterhalb bewaldeter Jurahänge und inmitten von Wiesen. Die kleine Altstadt schmiegt sich um einen Felssporn mit mächtiger Burgruine, die im Besitz des amtierenden Grafen und zu besichtigen ist. Die Wehrburg wurde Mitte des 19. Jahrhunderts teilweise eingerissen, um romantischen Idealen zu genügen, und höchstwahrscheinlich auch, um Steuern zu sparen. Zu diesem Zeitpunkt lag die Burganlage längst verlassen, die

Die Vorburg samt Turm stiftet die erste Verteidigungslinie der Pappenheimer Burg.

Grafschaft war hinunter in die Stadt verzogen, zunächst in das sogenannte Alte Schloss, dann in einen klassizistischen Neubau unmittelbar an der Altmühl, den Leopold von Klenze errichtet hatte.

Burg Pappenheim, Dr.-Wilhelm-Kraft-Weg 15, 91788 Pappenheim, www.grafschaft-pappenheim.de

// Logenplätze

Pappenheims Antlitz wird zu großen Teilen von der Grafschaft dominiert, sogar das Innenleben der Stadtkirche ist von ihr geprägt: Auf der Empore sitzen zwei kastenförmige Logen auf, in denen der Adel dem Gottesdienst beiwohnen konnte.

Kreisrund und mächtig: Burg Harburg

2 Burg Harburg

Der Dreißigjährige Krieg ging an der Burg Harburg im Wörnitztal spurlos vorüber, sodass der mittelalterliche Wehrcharakter der Anlage fast vollständig erhalten blieb. Burg Harburg ist damit so etwas wie eine Modellburg, das Ideal einer Veste: Hoch über der gleichnamigen Gemeinde sitzen Vor- und Hauptburg auf einem steil abfallenden Bergsporn, sind fast kreisrund angeordnet und durchgängig von hohen Mauern eingefriedet.

Orientierung tut Not: Erstens, weil man die Burg im Normalfall gar nicht zu Gesicht bekommt, denn die Bundesstraße läuft durch einen Tunnel unter dem Burgberg hindurch. Zweitens, weil sie von der Stadt Harburg auch kaum einzusehen ist und in keinem direkten baulichen Zusammenhang mit ihr steht. Über die Schlossstraße muss man daher mit dem Auto steil auf die Anhöhe hinauf, um dort zu parken und sich der Wehranlage von hinten zu nähern. Das Tal mit Bundesstraße und Stadt verliert man dabei völlig aus dem Blick, und auf einmal erscheint die Wand der Burgmauern als Solitär, einsam und zufällig in die Landschaft gesetzt: die ideale Burg!

Burg Harburg, Burgstraße 1, 86655 Harburg, www.burg-harburg.de

// Märchenhaft

An der Schlossstraße nimmt auch der Harburger Märchenweg Anlauf zur Burg: liebevoll gestaltet und durchaus verwunschen, aber stellenweise steil und bei Regen glitschig!

3 Burg Burghausen

Burg Burghausen unmittelbar an der Grenze zu Österreich ist optisch gewissermaßen das Gegenstück zu Harburg. Denn von der Salzach aus wirkt es, als habe die Herzogsstadt eine bürgerliche und eine aristokratische Ebene. Das Stakkato der Burggebäude samt Mauer zieht sich wenige Meter oberhalb der Stadt über den gesamten Kamm. Insgesamt misst die Anlage mehr als einen Kilometer, und das ist Weltrekord! Diktiert wurde diese Anordnung durch die extrem schmale Anhöhe, die kaum Platz lässt für eine Bebauung. Für die Hauptburg samt Burghof hat dies fast klaustrophobische Konsequenzen: Die Tuffsteinmauern stehen so eng, als handele es sich um eine Schlucht. Die Bebauung ist unregelmäßig, die einzelnen Gebäude wirken wie ineinander verkeilt, schicksalhaft auf ewig miteinander verwachsen. Die schöne Übersicht, die man von der Stadt aus noch genossen hat, weicht dem Gefühl von Enge und Abgeschnittenheit. Letzteres war zumindest ein Ziel der Erbauer, denn auf Burg Burghausen lagerten nicht nur die Schätze der Herzöge von Bayern-Landshut, auch verbannte Adelige wurden von den hohen Mauern bis an ihr Lebensende fest umschlossen.

Burg Burghausen, 84489 Burghausen,
www.burg-burghausen.de

// Fotospots

Den besten Blick auf das Gesamtgefüge von Burg und Stadt hat man von gegenüber – also vom anderen Ufer der Salzach und damit von Österreich aus: vom offiziellen Aussichtspunkt in Ach, und noch spektakulärer vom nahen Waldgasthof der Naturfreunde.

Vier Vorhöfe müssen bis zur Haupt… überwunden wer…

Coburgs Krone: die Veste

4 Veste Coburg

»Fränkische Krone« wird die Veste Coburg auch genannt, und in der Tat, die voluminösen Mauern haben im Zusammenspiel der verschiedenen Türme und Dächer wirklich etwas von Krönchen. Die Veste sitzt 160 Meter über der Stadt, war ursprünglich von einem Wallgraben umgeben und aufgrund des dreifachen Befestigungsrings, der ausgeklügelten Fallgatter und Pechgruben und der zahlreichen Bastionen nahezu uneinnehmbar. Deswegen bedienten sich die Belagerer im Dreißigjährigen Krieg eines Tricks, um die Wehrburg kampflos zu übernehmen: Der kaiserliche General von Lamboy ließ einfach einen Brief samt Unterschrift und herzoglichem Siegel fälschen, der den Verteidigern die Aufgabe befahl. Das Husarenstück gelang, und die Veste Coburg blieb unversehrt. Sie hatte 1530 Martin Luther mehrere Monate beherbergt, der zu diesem Zeitpunkt von Kirche und Reich geächtet war. Die Lutherkapelle im Inneren der Festung ist allerdings ein Neubau von 1851, der erst in den 1920er Jahren zu Ehren des Reformators umgebaut und neu ausgestaltet wurde.

Veste Coburg, Veste Coburg 1, 96450 Coburg, www.kunstsammlungen-coburg.de

// Zweitwohnsitz

Schon im 16. Jahrhundert hatte der damalige Coburger Herzog seinen Wohnsitz auf der Burg aufgegeben und in die Stadt verlegt: In das im barocken Stil neu erbaute Schloss Ehrenburg. Wie gut die Herzöge von Sachsen-Coburg innerhalb des europäischen Hochadels vernetzt waren, sieht man schon daran, dass die englische Queen Victoria dort ein eigenes Schlafgemach hatte.

#Technik-geschichte

5 Verkehrsmuseum Nürnberg

Die allererste Eisenbahn Deutschlands, der Adler, verkehrte ab 1835 zwischen Nürnberg und Fürth – nahm zu einer Zeit Fahrt auf, wo die Reisegeschwindigkeit von etwa 25 Stundenkilometern noch als gesundheitsgefährdend galt. Ein Nachbau des Adlers befindet sich heute im DB Museum, das wiederum den zentralen Teil des Nürnberger Verkehrsmuseums ausmacht und ausschließlich der Eisenbahngeschichte gewidmet ist. Wobei Geschichte kaum lebendiger werden kann: Die Dauerausstellung umfasst mehrere Original-Lokomotiven und Wagons, so zum Beispiel den Salonwagen Ludwigs II. oder den Dieseltriebwagen Fliegender Hamburger. Und was es nicht in natura ins Museum geschafft hat, das gibt es zumindest als detailgetreues Modell im Maßstab 1:10 zu bestaunen. Kleinere Modelle sind sogar täglich im Einsatz und befahren die 80 Quadratmeter der hauseigenen Modelleisenbahnstrecke.

Deutsche Bahn Museum, Lessingstraße 6, 90443 Nürnberg, www.dbmuseum.de

// Anschluss

Das Depot des Museums liegt fast unmittelbar am Nürnberger Hauptbahnhof und ist an die Trassen angeschlossen. Wer also mit dem Zug nach Nürnberg einfährt, kann schon vorab einen Blick auf die Exponate unter freiem Himmel werfen – immer linker Hand, Nürnberg hat einen Kopfbahnhof.

Vieles in Nürnberg ist aus Sandstein gebaut, auch das Hauptgebäude des Verkehrsmuseums.

Die Alternativen

1 Radom, Raisting

Nein, die Kuppel ist keine Abhöranlage – sie diente noch nicht einmal einem militärischen Zweck. Das Radom am Ammersee wurde von der Deutschen Bundespost als sogenannte Erdfunkstation betrieben und diente der Fernseh- und Funkübertragung via Satellit. Die Radarkuppel (Radom) schützt eine Parabolantenne von 25 Metern Durchmesser vor äußeren Einflüssen. Dass sie ein bisschen so aussieht wie ein überdimensioniertes Gartenlicht, liegt an der strebenlosen Bauweise: Es handelt sich um eine Traglufthalle, die 1964 errichtet wurde. Eine erste Fernsehübertragung fand im darauffolgenden Jahr statt. Dass die erste Mondlandung 1969 live im deutschen Fernsehen mitverfolgt werden konnte, ist dem Radom zu danken. 1985 ging die Station in Rente, wurde aber als technisches Denkmal zunächst saniert und mit Informationstafeln ausgestattet, um 2012 für die Öffentlich-

Die Traglufthalle von 1964 gehört wohl bald zum Weltkulturerbe.

keit wiedereröffnet zu werden – also gewissermaßen erneut live zu gehen. Mehr noch: Die Kuppel soll für das Weltkulturerbe vorgeschlagen werden. Noch aber ist kein Eintritt fällig, und das gesamte Gelände ist frei zugänglich, jeweils sonntagnachmittags während des Sommers öffnet der Trägerverein auch die Kuppel für die Allgemeinheit.

Radom, Hofstätterweg 2, 82399 Raisting, www.radom-raisting.de

// Füße vertreten

Direkt um die Ecke liegt die Pähler Schlucht mit Hochschloss und Wasserfall – perfekt für einen Spaziergang.

Denkmal der Industrialisierung: der alte Förderturm auf der Anhöhe

2 Maxhütte-Haidhof

Sauforst hieß das sumpfige Gebiet oberhalb von Burglengenfeld, und nur ein gutes Dutzend Menschen hauste um 1820 dort. Dann aber zerfurchte Starkregen die Erhebung, braune Schlacke trat zutage und beförderte Klumpen mit sich: Kohle, der Treibstoff der Industrialisierung und in Bayern äußerst selten! Also begann man Arbeiter anzuwerben und sodann mit dem Kohleabbau. Die Arbeiter mussten irgendwo wohnen, daher wurde ab 1867 Schritt für Schritt eine Werkssiedlung auf die Anhöhe südlich des eigentlichen Bergwerks gesetzt: eine ganze Kleinstadt samt eigener Wasser- und Stromversorgung! Dieses planvolle Entstehen sieht man der Siedlung heute noch an, die Parzellen und Reihenhäuschen ergeben ein geschlossenes Ortsbild, das mitten in der ländlich geprägten Oberpfalz sonderbar anmutet und heute ein Industriedenkmal sein könnte. Könnte, denn das Land Bayern hatte schon 1984 vor,

Mit solchen Loren wurde die Kohle bewegt.

die Siedlung unter Denkmalschutz zu stellen – aber die Stadt wollte kein Denkmal sein. Die Besichtigung lohnt trotzdem!
93142 Maxhütte-Haidhof,
www.maxhuette-haidhof.de

// Zweigstelle

Vom Verhüttungswerk selbst ist nichts mehr übrig, ganz im Gegensatz zur Dependance bei Sulzfeld, der Maxhütte II. Diese produzierte sogar bis 2002. Inzwischen wird das riesige Areal zurückgebaut, und auch dort diskutiert man, welcher Teil offiziell Industriedenkmal werden soll.

3 Lechkraftwerke

Insgesamt 22 Kraftwerke stehen am Lech und produzieren Strom. Eines davon ist zugleich Museum: Das Wasserkraftwerk Langweid nördlich von Augsburg steht unter Denkmalschutz und öffnet jeden ersten Sonntag im Monat seine Türen für Besucher. Das Kraftwerk steht für die Anfänge der flächendeckenden Elektrifizierung: Schon 1907 ging es in Betrieb und versorgt heute noch ungefähr 1000 Haushalte – allerdings wurde um die Jahrhundertwende etwas ornamentaler gebaut, und so sieht es fast so aus, als würde ein Schlossbau den Lechkanal überbrücken. Das Innenleben steht zur historisierenden Fassade und den Walmdächern in krassem Widerspruch, zumal die Technik immer wieder modernisiert wurde. Der historische Turbinenraum und die Generatoranlage sind im Museumsbau aber zugänglich und absolut spektakulär, im zweiten Obergeschoss wird Wasserkraft allgemein erläutert. Das gesamte historische Augsburger Wassersystem inklusive des Kraftwerks Langweid stehen übrigens seit 2019 auf der Liste des UNESCO-Weltkulturerbes.

Wasserkraftwerk Langweid, Lechwerkstraße 19, 86462 Langweid, www.lechmuseum.de

// Wasserschlösser

Ab dem 15. und 16. Jahrhundert versorgten zwei Wassertürme die Augsburger Oberstadt mit Lechwasser. Auch diese sehen wie Schlösschen aus, man muss ihre einstige Funktion schon kennen, um die Gebäude einordnen zu können.

Das Kraftwerk Langweid versorgt Tausende Haushalte mit Strom und ist zugleich Museum.

An weltberühmten Postkartenmotiven mangelt es in Rothenburg nicht: im Bild das sogenannte Plönlein.

#Fachwerkromantik

6 Rothenburg

Rothenburgs verwinkelte Altstadt gilt als Inbegriff deutscher Fachwerkromantik, obwohl die Stadt durch den Zweiten Weltkrieg stark zerstört wurde. Davon ist heute aber rein gar nichts mehr zu sehen, die gesamte Altstadt ist ein einziges Mittelaltermärchen – die Stadtmauer samt Toren und Laufgängen ist fast zur Gänze erhalten und zugänglich. Der Wiederaufbau erfolge derart subtil, dass es schwerfällt, originale und rekonstruierte Gebäude auseinanderzuhalten. Rothenburg war schon vor dem Zweiten Weltkrieg ein touristisches Ziel und wurde dies umso mehr in den 1950er Jahren, als die Romantische Straße eingerichtet wurde. Den Zuspruch aus aller Welt erfährt die Stadt zu Recht: Denn was dem ganzen mittelalterlichen Ensemble die Krone aufsetzt, ist die Lage am Rande des idyllischen Taubertals. Insbesondere vom weitläufigen Burgpark aus schweift der Blick über die Stadtsilhouette zur einen und in das unverbaute Grün des Tals zur anderen Seite.

www.rothenburg.de

// Getoppt

Auf keinen Fall sollte man das Topplerschlösschen verpassen, unmittelbar zu Füßen der Altstadt im Taubertal. Zwar handelt es sich eigentlich um einen Wohnturm, aber der ist so einmalig, dass man ihn durchaus als kleinstes Schloss der Welt bezeichnen darf.

Die Alternativen

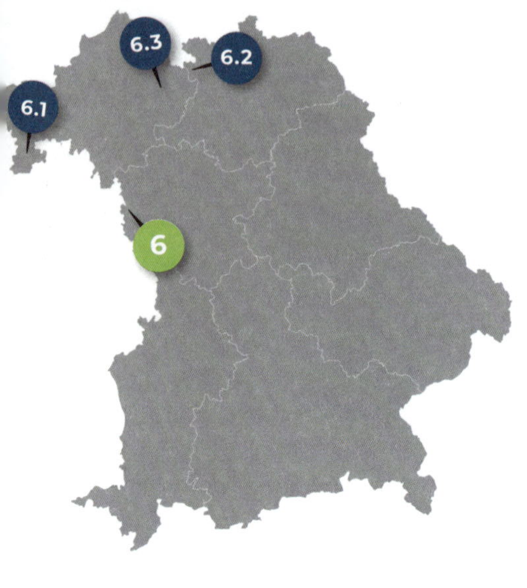

1 Miltenberg

Die Tauber fließt bei Wertheim in den Main, der erst weiter nach Südwesten zieht, sich dann aber verengt und die Richtung abrupt ändert. Dort, am sogenannten Mainknie, liegt mit Miltenberg ein bezaubernder Fleck Erde, der von alters her besiedelt ist. Die vollständig erhaltene Altstadt wird vom Odenwald streng begrenzt und streckt sich auf einem schmalen Streifen am linken Flussufer entlang. Die zahllosen baulichen Schönheiten des zentralen Schwarzviertels kulminieren am Marktplatz: War man schon von den Fachwerkperlen entlang der Hauptstraße beeindruckt, so steht man einigermaßen fassungslos vor dem trichterförmig abfallenden Schnatterloch. Dessen Fachwerkensemble könnte in seiner konsequenten Unregelmäßigkeit und bunten Vielfalt auch für ein Filmset erfunden worden sein. Es handelt

Das Herz von Miltenberg schlägt am alten Markt.

sich jedoch um Originale, meist aus dem 16. Jahrhundert. Namensgebend für den Platz ist übrigens ein schmaler Durchgang im Turm auf dessen oberer Seite, der auch als Ablaufrinne bei Starkregen dient. Der gepflasterte Weg hindurch führt hinauf zur Burg und zum Kunstmuseum von Miltenberg.

Alter Marktplatz, 63897 Miltenberg, www.miltenberg.de

// Einkehr

Das Gasthaus Zum Riesen ist die älteste Herberge Deutschlands – erstmals im Jahr 1158 erwähnt. Ein paar Jahrhunderte jünger, aber nicht minder beeindruckend, ist der riesige Fachwerkbau aus der Renaissance, der seit 1590 Hotel und Gaststätte beherbergt.

2 Seßlach

Wissen Sie, was der Historienfilm »Luther« und die Kinderbuchverfilmung »Räuber Hotzenplotz« gemeinsam haben? Genau – den Drehort: die Kleinstadt Seßlach im Landkreis Coburg! Diese liegt fast unmittelbar an der Grenze zu Thüringen und wurde erst 1913 an das Eisenbahnnetz angeschlossen, sodass Moderne und Industrialisierung an Seßlach weitgehend vorübergingen. Den vorrückenden Amerikanern ergab man sich 1945 kampflos, und die Stadt erlitt keinerlei Schaden. Wer noch nach einem dritten Grund für die Idylle sucht: Bei der Altstadtsanierung ab 1971 verfuhr man so umsichtig, dass die Stadt einen Preis gewann. Seßlachs komplett intakte Altstadt ist heute eine Art Freilichtmuseum: Ein Fachwerkbau reiht sich an den anderen. Die Bauweise ist bescheiden, dreistöckige Häuser und ornamentale Spielereien wie Andreaskreuze sind selten. Stattdessen dominieren die einfache Kastenform und Sattel- anstatt Walmdächer. Gerade dadurch aber verstärkt sich der Eindruck, geradewegs ins Mittelalter katapultiert worden zu sein!
www.sesslach.de

// Fotospot

Die Stadtmauer und die eleganten Rundtürme bekommt man vom Zwinger-Weg, der einmal um die Altstadt führt, am besten vor die Linse.

Sieht aus wie am Filmset und ist auch eins.

icht ganz so alte Altstadt mit Haßfurter Tor.

3 Königsberg

;önigsbergs Fachwerkhäuser sind jüngeren Da-
ɹms, sie stammen aus dem 17. und 18. Jahr-
undert. Grund ist der Dreißigjährige Krieg, hier
ı Gestalt von Feldherr Johann Serclaes von Tilly,
er sich mit 8000 Soldaten am zentralen Salz-
ıarkt einquartiert hatte. Dort soll in einem Stall
as Feuer ausgebrochen sein, das anschließend
on Haus zu Haus sprang und zwei Drittel des
)rtes hinwegraffte. Tilly zog weiter, die Königs-
erger bauten ihre Stadt wieder auf, behielten
en Feldherrn aber in böser Erinnerung. Heute
och ist es unter den Kindern Brauch, schwarz
ekleidet und mit aufgemaltem Schnurrbart als
Hätscherkloos« von Tür zu Tür zu ziehen, vor
euergefahren zu warnen und dafür Süßigkei-
en in Empfang zu nehmen. Der damals wieder-
aufgebaute Salzmarkt hat überdauert und gehört heute zu den schönsten Fachwerkensembles der Stadt, die an solchen überreich ist. Besonders bemerkenswert ist zudem das Haßfurter Tor, dessen Obergeschoss ebenfalls in Fachwerkbauweise errichtet worden ist.

Salzmarkt, 97486 Königsberg in Bayern,
www.koenigsberg.de

// Beste Aussichten

Zu den Überresten einer Reichsburg oberhalb der Stadt gelangt man über den Aussichtspunkt Weinberg zu Fuß in 15 Minuten – vom dortigen Pavillon wiederum übersieht man das ganze Gefüge Königsbergs.

Drei- und viergeschossige Giebelhäuser dominieren Dinkelsbühls Stadtbild.

#Malerische Altstadt

7 Dinkelsbühl

Dinkelsbühl liegt direkt an der Romantischen Straße und ist ein erstklassiges Ausflugsziel, wegen des spätmittelalterlichen Stadtbilds und der malerischen Lage an der Wörnitz. Dinkelsbühl bietet jedoch mehr als nur schöne Kulisse: zum Beispiel durch die Aufarbeitung der Hexenprozesse ab 1600. Diese sind aufgrund von Mitschriften gut protokolliert und bilden die Grundlage für eine Dauerausstellung im sogenannten Drudengewölbe unter dem Rothenburger Tor. Dort wurden damals die »peinlichen Befragungen« durchgeführt – womit die Pein gemeint ist, also der körperliche Schmerz, mit dem die Aussagen erpresst wurden. Interessant ist, dass die Mehrzahl der Dinkelsbühler Hexenprozesse abgeschmettert wurde und vielmehr die peinliche Verfolgung der jeweiligen Klageführer nach sich zog. Dinkelsbühl zeigt uns also nicht nur mittelalterliche Pracht, sondern legt auch Zeugnis von ihrer Kehrseite ab.

Haus der Geschichte, Altrathausplatz 14, 91550 Dinkelsbühl, www.hausdergeschichte-dinkelsbuehl.de

// Fotomotive

Über ein Dutzend Türme und noch dazu die Stadttore sind bestens erhalten und geben perfekte Fotomotive ab. Besonders malerisch ist der Blick vom Rothenburger Weiher auf den Faulturm.

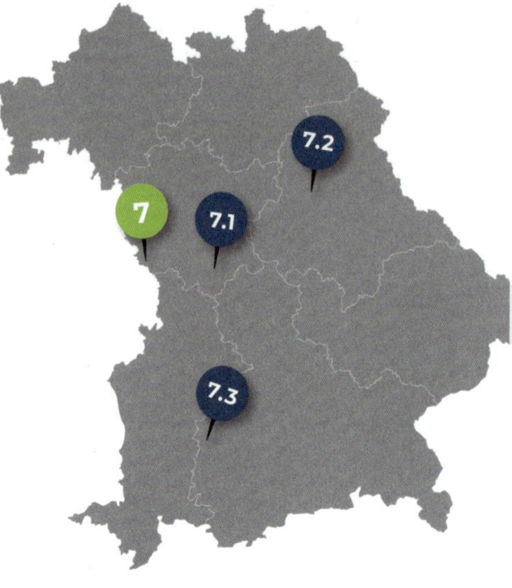

Weißenburg

Die Kleinstadt Weißenburg konzentriert sich au ihr römisches Erbe in Form eines bedeutenden Schatzfundes und auf die Nähe zum Limes. Wa dabei völlig in den Hintergrund gerät, ist die bildhübsche Altstadt. Weißenburg blickt auf eine Geschichte als Reichsstadt zurück, ist entsprechend mit Mauern bewehrt und besitzt mi dem Ellinger Tor eines der ältesten und schönsten Stadttore Bayerns. Wenige Touristen verirren sich in die von Bürgerhäusern geprägte Rosen- und Luitpoldstraße, noch weniger finde in die Gassen entlang der inneren Stadtmauer. Dort wurden nach dem Dreißigjährigen Krieg Kasematten um- sowie Häuser- und Häuschen angebaut, die Türme zu Wohnungen umgewid met: Malerischer als an der Seeweihermauer kann es kaum werden – es sei denn, man wech selt die Seiten, schlüpft durch den schmalen Durchgang auf die andere Seite, wo ein Teil des Stadtgrabens noch geflutet ist und eben auf den Namen Seeweiher hört. Anschließend geht man durch den trockenen Schießgraben und blickt auf eine ganze Stafette an ehemaligen Wehrtürmen. Mal ehrlich – was ist denn ein ein zelner Römerschatz gegen all die mittelalterlich Pracht?

Durchgang zum Seeweiher, Seeweihermauer 17, 91781 Weißenburg, www.weissenburg.de

// Hofhalten

Weißenburgs reichsstädtische Ursprünge liegen »Am Hof« – dort soll sich einst ein fränkischer Königshof befunden und mitunter Karl der Große geweilt haben. Heute belebt eine Eisdiele den malerischen Platz.

Der Reichsadler im Wappen der Stadt verweist auf deren Vergangenheit als Freie Reichsstadt

2 Amberg

itten durch Ambergs Altstadt fließt die Vils. on einem »Venedig der Oberpfalz« kann man war nicht sprechen, doch Amberg gewinnt urch den Fluss ungemein malerische Ecken. abei orientiert sich die Stadt gar nicht zum uss hin, sie ignoriert ihn, wendet ihm den ücken zu, überbrückt ihn oder begreift ihn als ücke, die wehrhaft überbaut werden muss – it der sogenannten Stadtbrille, einem monu-entalen Torbau aus dem 15. Jahrhundert. Der uss spielte nicht die Hauptrolle in Amberg, das bernahmen die Wittelsbacher Kurfürsten – un-r anderem durch den Bau eines Schlosses, ber auch mit der vorübergehenden Verlegung es Hofstaats und der Regierungsgeschäfte in e beschauliche Stadt. Amberg bekam eine ermaßen monumentale Stadtbefestigung ver-asst, dass es im Dreißigjährigen Krieg noch icht einmal belagert wurde.

tadtbrille, Kurfürstenring 2F, 92224 Amberg, ww.amberg.de

Am Wasser gebaut: das oberpfälzische Amberg

Tipp

Der Stadtbrille rückt man am besten vom Hof des Landratsamts nahe, also von der Innenstadt-seite aus. Der Name kommt übrigens von der Spiegelung der Rundbögen im Wasser.

Blick über den Lech auf das Altstadtensemble.

3 Landsberg am Lech

Das oberbayerische Landsberg liegt an der ehemaligen Salzstraße, also der Handelsroute, auf der das »weiße Gold« von Tirol nach Norden transportiert wurde. Landsberg befindet sich auf halber Strecke zwischen Augsburg und München – den beiden Handelszentren schlechthin. Insgesamt drei Salzstadel gab es, in denen das Salz eingelagert werden konnte und verkauft wurde. In einem residiert heute die Stadtbücherei. Über den Lech wurde zudem Getreide und Holz transportiert. Die Stadt nahm Flusszoll und steckte den Erlös unter anderem in Verteidigungsanlagen und Stadttore. Vom Reichtum, den Handel und Fluss mit sich brachten, zeugen zudem die Bürgerhäuser rund um den Hauptplatz samt historischem Rathaus: mächtige, drei- und viergeschossige Renaissancebauten. Obwohl die Bebauung von Lech und Mühlbach streng eingegrenzt wurde und die Stadt samt Stadtmauern immer mühsam erweitert werden musste, ist Landsberg von einer besonderen Großzügigkeit. Vielleicht führt ein so verbindender Fluss wie der Lech ja auch Weltläufigkeit und Gemeinsinn mit sich – zumindest sorgt er für Austausch.

Hauptplatz, 86899 Landsberg am Lech, www.landsberg.de

// Flusspanorama

Von der Dominanz des Lechs macht man sich am besten von der anderen Uferseite ein Bild: Vom Planetenpark blickt man über das mächtige Wehr auf die Konturen der Altstadt.

8 Altmühltal

Insgesamt hat der Altmühltal-Panoramaweg zehn Etappen und begleitet den Fluss vom Oberlauf bis zur Mündung in die Donau bei Kelheim. Dabei durchquert er einmal den gesamten Naturpark Altmühltal. 200 Kilometer sind ein bisschen viel für einen Tagesausflug, aber die 15 Kilometer von Treuchtlingen bis Solnhofen zum Beispiel schafft man an einem Tag spielend. Diese Etappe ist einerseits praktisch, weil beide Stationen per Bahn verbunden sind, und andererseits bildschön, denn unmittelbar hinter Treuchtlingen verlässt die Altmühl das sanfte Hügelland des südlichen Mittelfranken und mäandert durch den Jura in Richtung Eichstätt und Oberbayern. Im Gegensatz zum Fahrradweg schwingt sich die Wanderstrecke auf die Anhöhe, führt durch den Wald und erst bei Pappenheim wieder ins Tal. Die Hälfte des Weges ist dort bereits geschafft, und die Kleinstadt wie gemacht für eine Pause.

www.naturpark-altmuehltal.de

// Verlängerung

Direkt hinter Solnhofen steht das Wahrzeichen der Gegend: die Felsformation der Zwölf Apostel. Sinnvoll also, die Wanderung bis zum Aussichtspunkt einen guten Kilometer hinter dem Ortsausgang zu verlängern.

Hinter Dietfurt wird die Altmühl in das Bett des Main-Donau-Kanals gezwungen.

1 Hochgrat

Am Hochgrat befinden wir uns in den Allgäuer Alpen, und zwar am höchsten Gipfel der Nagelfluhkette hinter Oberstaufen. Die Seilbahn bringt uns bis kurz unterhalb des Gipfels, aber anschließend geht es über spektakuläre 14 Kilometer bis zum Mittagberg bei Immenstadt. Spektakulär deswegen, weil man den Grat entlangwandert und Panorama nach allen Seiten genießt: vom Bodensee über den Schwarzwald bis hin zu den Hochalpen. Gratwanderung klingt schwieriger, als es ist, der Weg ist gut markiert, und klettern muss man auch nicht. Trittsicherheit und vor allem Kondition sind dennoch gefragt: Auch wenn man am Mittagberg von der Seilbahn wieder ins Tal befördert wird, muss man zwischendrin noch die Gipfel von Rindalphorn, Hündlekopf, Stuiben und Steinköpfle überwinden. Das ist durchaus alpin, und die Höhendifferenz summiert sich so auf fast 1000 Meter, nichts für Anfänger. Diese können

Mehr Panorama als oben auf dem Grat ist kaum möglich …

ber abkürzen und über die Brunnenauscharte urück zur Talstation der Hochgratbahn wandern. Was in insgesamt gut zwei Stunden nachbar ist.

alstation Hochgratbahn, Lanzenbach 5, 7534 Oberstaufen, www.hochgrat.de

// Abstecher

Bei Steibis und damit kurz bevor man die Talstation der Hochgratbahn erreicht hat, liegen die Buchenegger Wasserfälle nur eineinhalb Kilometer Fußweg von der Fahrstraße entfernt – ein fotogener Abstecher!

... oder etwa doch? In Mittelberg reicht es, 100 Höhenmeter zu überwinden.

2 Oy-Mittelberg

Aittelberg ist etwas für Familien und blutige Anfänger. Der Panoramarundweg beginnt auf 000 Metern Höhe, ist zum Großteil asphaltiert nd damit selbst mit Kinderwagen kein Problem. Hinauf geht es lediglich 100 Höhenmeter, nd zwar direkt vom Luftkurort bis auf den anften Mittelberger Rücken – aber mit was für inem Effekt! Das gesamte Voralpenland liegt inem plötzlich zu Füßen, der Blick reicht über lie Mittelberger St.-Michael-Kirche hinweg bis ur Hauptkette der Alpen! Die Runde lässt sich berdies je nach Bedarf zwischen zwei und fünf Kilometern variieren – wenn die Kinder die Lust erlieren sollten, steigt man einfach auf kürzesem Weg zum Dorf ab. Wobei gerade für den Nachwuchs reichlich Abwechslung bereitsteht: in Form des Hexenwäldles, des Klettergartens und der wirklich größten Wanderbank, die das Allgäu zu bieten hat. Mittelberg formt übrigens mit dem etwas tiefer gelegenen Oy schon seit über 100 Jahren eine Gemeinde, daher der Doppelname. Wobei »Oy« nichts anderes bedeutet als Aue, aber auch den Ausruf meinen könnte, der einem angesichts des Ausblicks entfährt! *Panoramaweg Oy-Mittelberg, 87466 Mittelberg, www.oy-mittelberg.de*

// Extra Mile

Der Bergrücken endet mit dem Mittelberger Horn, das ist nur wenige Hundert Meter von der längsten Rundwegvariante entfernt – den Blick kann man also gut noch mitnehmen!

3 Sommerhausen

Der Panoramaweg im unterfränkischen Sommerhausen ist nicht das Ergebnis geschickten Marketings, sondern von Aufschüttungen. Oberhalb der Weinberge liegen Steinbrüche, und über deren Schüttgut verlief zunächst ein Trampelpfad, der aufgrund der Aussicht auf den Main zum beliebten Wanderpfad wurde. Den Einstieg findet man am besten, wenn man ab Rathaus dem markierten Terroir-F-Weg bis zum Skulpturenpark in den Weinbergen folgt, anschließend aber die Industriestraße weiterläuft und kurz vor dem Wertstoffhof und dem kleinen Parkplatz auf den Pfad rechts durch das Gebüsch abbiegt: Voilà! Jetzt geht es spektakulär an der Hangkante weiter, der Blick öffnet sich, Main und Weinberge liegen vor einem. Durchaus steil muss man dann nach Kleinochsenfurth hinunter, von wo aus der Weg erst in Flussnähe, dann durch die Weinberge nach Sommerhausen zurückkehrt. Neun Kilometer sind es insgesamt, abkürzen lässt sich nur, indem man ab Kleinochsenfurth den Bus nimmt.

Panoramaweg Sommerhausen, 97286 Sommerhausen
www.fraenkisches-weinland.de/wege/panoramaweg sommerhausen-2424/

// Für Faule

Nicht nur der Panoramaweg bietet Ausblick: Auf dem Wein-Kultur-Weg gelangt man durch Flurersturm und Rinneflüssle innerhalb eines Spaziergangs zu einem Überblick über Sommerhausen und das Maintal.

Der Main bei Sommerhausen

Die Bänke stehen so verstreut, weil es wirklich in jeder Richtung etwas zu sehen gibt.

4 Höhenweg Scheidegg

Scheidegg gilt aufgrund der Höhenlage ja schon als »Balkon über dem Bodensee«, aber man kann sozusagen auch noch auf die Brüstung steigen: Direkt vom Zentrum führt ein geteerter Spazierweg zwischen Kuhweiden bergan bis zum Kreuzberg und auf der anderen Seite wieder hinunter. Minimaler Aufwand, maximales Vergnügen: Von oben blickt man über das Dorf bis zum Bodensee und zur anderen Seite auf die Hochalpen. Fünfländerblick nennt sich diese Aussicht offiziell – wobei nicht nur Österreich, Liechtenstein und die Schweiz zählen, sondern auch Baden-Württemberg und Bayern. Am beeindruckendsten ist aber das Bergpanorama selbst, ganz ohne Rücksicht auf Landesgrenzen. Eine Schautafel entschlüsselt die Namen der einzelnen Gipfel, und so lässt sich vom beschaulichen Scheidegg aus fast über die gesamte Alpenlandschaft Übersicht gewinnen.

Höhenweg Scheidegg, 88175 Scheidegg,
www.scheidegg.de

// Über Grenzen

Ebenfalls als Höhenweg Scheidegg wird die Strecke hinüber nach Österreich und zum Pfänder oberhalb von Bregenz bezeichnet. Nicht minder beeindruckend, aber mit elf Kilometern Wegstrecke doch etwas anspruchsvoller.

Eigentlich sieht man die Walhalla von unten am besten!

9 Walhalla

Den wenigsten ist klar, dass Bayern nur deshalb mit Ypsilon geschrieben wird, weil der bayerische Ludwig I. ein großer Griechenlandfan war: Kurz nach dessen Thronbesteigung 1825 wurde Baiern offiziell zum Königreich Bayern! Ludwig I. änderte aber nicht nur die Rechtschreibung, sondern eiferte den alten Griechen auch anderweitig nach. Die Walhalla außerhalb von Regensburg ist so ein Produkt: Die Ruhmeshalle entstand 1842 am Hochufer der Donau nach dem Vorbild des Parthenon auf der Akropolis und sollte bedeutenden Personen »teutscher Zunge« huldigen. Damit waren Adelige und Heerführer gemeint, später auch Dichter und Denker – aus dem gesamten deutschen Sprachraum. Der Name Walhalla bezieht sich auf den mythologischen Aufenthaltsort nordischer Gottheiten, ist also sozusagen als Gegenstück zum antiken Olymp gedacht.

Walhalla, Walhallastraße 48, 93093 Donaustauf

// Fotospot

Den besten Blick auf die gesamte Anlage samt Treppenaufgängen hat man übrigens von der Donau aus – ab Regensburg lassen sich Fährfahrten buchen.

Die Alternativen

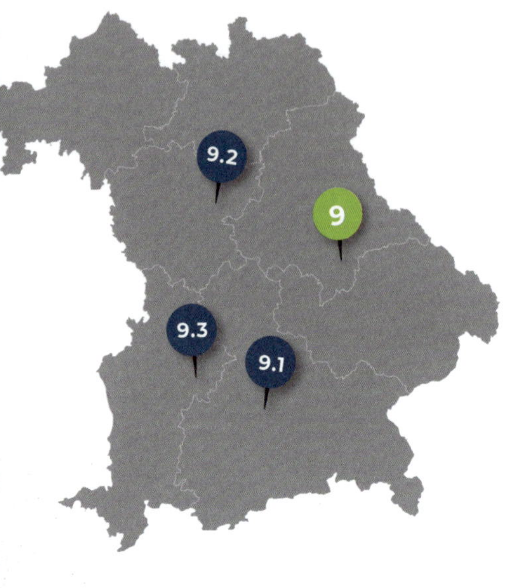

1 Propyläen

Fast ganz München baute Ludwig I. im griechischen Stil um, sodass der Spitzname Isar-Athen die Runde machte. Die Propyläen am Königsplatz sind dafür nur ein Beispiel – die Bezeichnung bezieht sich auf die Vorhallen an der Athener Akropolis und steht deswegen im Plural: Der Torbau ist mit dorischen Säulen ausgestattet und neben der bayerischen Armee auch den griechischen Freiheitskämpfern von 1821 bis 1829 gewidmet, welche die osmanische Oberherrschaft abschüttelten. Neben griechischen Inschriften findet sich am Giebel ein Relief-Porträt des ersten Königs von Griechenland, Otto Friedrich Ludwig von Wittelsbach. Der stammte nämlich auch aus Bayern und ist Ludwigs Zweitgeborener: Als 16-Jähriger wurde er 1832 von den europäischen Großmächten als König inthronisiert, zog samt Beamtenstab und Armeekorps nach Athen und herrschte dort bis zu seiner erzwungenen Abdankung 30 Jahre später. »Bavarokratie« nennen die Griechen heute jene Zeit, die sie damals mit einem Aufstand beendet hatten. In König Ottos Athener Stadtschloss, das im klassizisti-

Die Propyläen sind den Vorhöfen der Akropolis nachempfunden.

schen Stil vom Münchener Architekten Friedrich von Gärtner erbaut wurde, residierte hinfort das griechische Parlament. *Propyläen, Königsplatz/ Luisenstraße 31, 80333 München*

// Kunstgeschichte

Wer sich einmal den Unterschied zwischen den Säulenordnungen live vor Augen führen will, muss nicht weit laufen: Die Glyptothek ein paar Meter weiter ist mit ionischen Säulen ausgestattet, während die Staatliche Antikensammlung um die Ecke im korinthischen Stil glänzt.

Die schiere Dimension sollte überwältigen, die Kongresshalle wurde aber nie fertiggestellt.

2 Kongresshalle Nürnberg

Noch ein neoklassizistisches Gebäude, diesmal aber unvollendet und an die römische Antike angelehnt, namentlich an das Kolosseum in Rom: Die Kongresshalle in Nürnberg hätte der NSDAP für Parteitage dienen sollen, aber so weit kam es nicht. 1943, also mitten im Krieg, wurden die Bauarbeiten eingestellt, noch nicht einmal das Dach war fertig geworden. Zeitweise diente der Innenbereich der Stadt als Bauhof, das Ensemble steht erst seit 1973 unter Denkmalschutz. Heute ist ein Dokumentationszentrum eingezogen, und obwohl weite Teile des riesigen Rondells entweder verfallen sind oder gerade instand gesetzt werden, ist es der Öffentlichkeit zugänglich. Die Kongresshalle mag überdimensioniert erscheinen, sie macht dennoch nur einen kleinen Teil des sogenannten Reichsparteitagsgeländes aus, zu dem auch das anliegende Zeppelinfeld gehörte. Dort wurden bis 1938 die Parteiaufmärsche inszeniert, Lichtkegel sorgten dafür, dass Hitlerjugend, Wehrmacht und SA im Gleichschritt auf das Gelände schritten. In manchen Jahren zog die Propagandaveranstaltung bis zu einer Million Besucher an. Während des Parteitags 1935 wurden die sogenannten Nürnberger Gesetze bekannt gemacht: die Grundlage der Verfolgung und letztlich Vernichtung der jüdischen Bevölkerung.

Kongresshalle, Bayernstraße 100, 90471 Nürnberg, www.museen.nuernberg.de/dokuzentrum

// Gegenpol

Nürnberg bemüht sich seit Jahren um die Aufarbeitung ihrer Geschichte als Stadt der Reichsparteitage. Deswegen wurde nicht nur der Nürnberger Menschenrechtspreis ins Leben gerufen, sondern auch eine Straße der Menschenrechte in der Innenstadt eingerichtet.

3 Fuggerei Augsburg

Das Gelände der Fuggerei wird häufig als erste Sozialsiedlung der Geschichte bezeichnet: 1521 stiftete der Kaufmann Jakob Fugger eine Siedlung für bedürftige Tagelöhner und Handwerker, die allerdings fromm zu sein hatten. Bestandteil der ansonsten eher symbolischen Miete (heute 88 Cent, pro Jahr!) sind bis auf den heutigen Tag das tägliche Rezitieren eines Vater Unsers samt Glaubensbekenntnis sowie eines Ave Maria. Ursprünglich war die Fuggerei auf 52 Wohnungen rund um sechs Straßenzüge begrenzt, wurde jedoch später erweitert. Als im Zweiten Weltkrieg zwei Drittel der gesamten Anlage infolge von Luftangriffen in Schutt und Asche lagen, wurde diese bis 1950 vollständig neu aufgebaut und erhielt ihre heutige Form. Mit den kleinen Plätzen und den weinberankten Häuserzeilen wirkt sie heute so bildschön wie ruhig – das Interessanteste aber ist, dass das gesamte Projekt nach wie vor aus den Mitteln der damaligen Stiftung unterhalten wird. Wenn das mal kein Investment war, was Jakob Fugger da vor einem halben Jahrtausend auf den Weg gebracht hat!

Fuggerei, Jakoberstraße 26, 86152 Augsburg, www.fugger.de

// Spartipp

Übrigens gibt es neben dem Haupteingang, an dem man die Tickets ersteht, wenige Hundert Meter weiter am Jakobsplatz noch ein zweites Portal, durch das man ungehindert auf das Gelände gelangt.

Stadt in der Stadt: die Fuggerei.

Nicht so alt wie es scheint: die Fuggerei musste nach dem Zweiten Weltkrieg neu aufgebaut werden.

Blick von der Steinernen Brücke auf die Altstadt und den schmalen Übergang zum Oberen Wöhrd, einer Donauinsel.

10 Regensburg

Auf den knapp zwei Quadratkilometern der Regensburger Altstadt finden sich an die 1000 historische Baudenkmäler – so gut erhalten, dass die Stadt seit 2006 auf der UNESCO-Liste des Weltkulturerbes steht. Dort wird auch die Steinerne Brücke gelistet, die aus dem 12. Jahrhundert stammt und damit die älteste erhaltene Brücke Deutschlands ist. Als einzige Donaubrücke zwischen Ulm und Wien ermöglichte sie jahrhundertelang regen Handel und sorgte damit für den Reichtum der Stadt. Bis 2010 durften noch Autos auf ihr verkehren, jetzt aber dient sie ausschließlich Fußgängern und Radfahrern und ist sozusagen zur Einflugschneise in die Altstadt geworden. In Stadtamhof beginnt die Überquerung – heute ein Stadtteil Regensburgs, lange Zeit aber eigenständig und zum Schutz der Brücke einst mit eigener Befestigung versehen.

Steinerne Brücke, 93059 Regensburg,
www.tourismus.regensburg.de

// Abweg

Von der Brücke gelangt man auch auf eine der Donauinseln, auf den Oberen Wöhrd. Dort stößt man auf das städtische Freibad, den Inselpark und auf einen phänomenalen Blick auf die Altstadt am anderen Ufer.

Die Alternativen

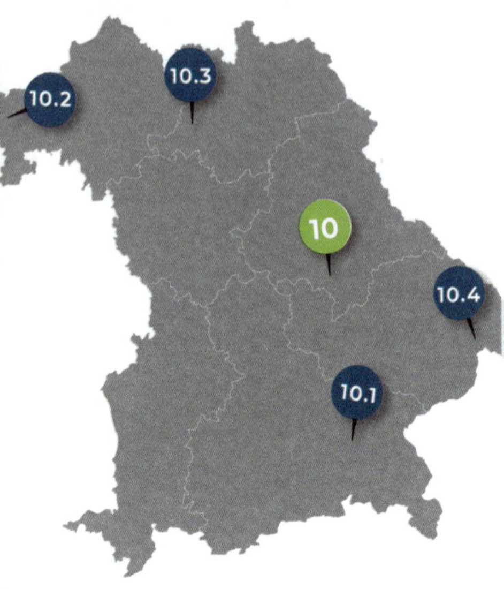

1 Wasserburg am Inn

Was heißt hier Stadt am Fluss? Wasserburg liegt eindeutig *im* Fluss, und zwar auf einer Halbinsel, deren schmalste Stelle bei der Kapuzinerinsel nur gut 200 Meter misst. Auf den ersten Blick erkennt man gar nicht, dass es sich um die Wasser desselben Flusses handelt, welche da die Altstadt zu beiden Seiten umfließen. Um das zu begreifen, muss man auf die Anhöhe. Über den Kellerbergweg zu jener Stelle, die zu Recht »Schöne Aussicht« heißt und die einen Blick über die gesamte Altstadt gewährt: Die Schleife des Inns ist dermaßen eng, dass es einerseits logisch erscheint, in ihrem Schutz eine befestigte Stadt zu bauen, und andererseits verwegen. Der Inn ist immer auch Bedrohung: Das letzte Hochwasser ist erst ein Jahr her, 2005 wurde sogar ein Pegel von über sieben Metern gemessen. Der Inn passte damals gerade noch so unter den Brücken durch! Es ist aber nicht nur die spektakuläre Lage, die Wasserburg so besonders macht, es ist auch die Bausubstanz: Innerhalb der Stadtmauern meint man, es hätte einen nach Italien verschlagen, so farbenfroh und lebendig zeigt sich das ganze mittelalterliche Altstadtensemble.

Touristinfo, Marienplatz 2, 83512 Wasserburg a. Inn, www.wasserburg.de

// Flanieren

Unmittelbar neben dem Brucktor befinden sich moderne Hochwasserschutzanlagen, die nach 2005 nochmals erweitert wurden. Über Treppenstufen gelangt man hinunter und kann über den Otto-Geigenberger-Weg an der Iller weiterflanieren.

Wasserburg macht seinem Namen alle Ehre.

*s Schloss ist am Main ausgerichtet –
e Mainpromenade natürlich!*

2 Aschaffenburg

Das unterfränkische Aschaffenburg hat seinen Namen von der Aschaff, die ein paar Kilometer nördlich der Altstadt weitgehend unbeachtet in den Main fließt. Diesem wiederum wendet Aschaffenburg ein wenig den Rücken zu, die alte Stadtbebauung ist nicht auf die Ufer ausgerichtet – einzig das Schloss scheint von der Anhöhe aus auf den Fluss zu blicken. Deshalb bleibt dort unten viel Platz, und das merkt man, sobald man die Dalbergstraße hinunterläuft: Die Stadt öffnet sich zu einem Naherholungsgebiet, auf dem grauen Band entlang des Ufers werden Hunde Gassi geführt, es wird gejoggt und Fahrrad gefahren. Im Wasser schaukeln Fischerkähne, ein Tretboot arbeitet sich mühsam Richtung Schloss, wenig weiter liegt halb versteckt eine Mole voller kleiner Yachten. Am Perth Inch in der anderen Richtung, der nach Australiens westlicher Metropole benannt wurde, wird es grün, und der Begriff Mainwiesen kommt zu seinem Recht. Noch ein wenig weiter den Fluss hinunter zieht das Partyvolk und trifft sich allabendlich unterhalb des Pompejanums – eines Palastgebäudes aus dem 19. Jahrhundert.

Mainpromenade Aschaffenburg, Am Floßhafen, 63739 Aschaffenburg, www.aschaffenburg.de

// Schlenker

Auf dem Weg die Dalbergstraße hinab empfiehlt sich ein Schlenker in die Metzgergasse. Dort findet man leicht versteckt jene kleine Fachwerkidylle, die häufig für Aschaffenburger Postkarten herhält.

3 Bamberg

Bamberg ist als UNESCO-Welterbe-Stadt ja nicht unbedingt ein Geheimtipp, darf aber, wenn es ums Wasser geht, einfach nicht fehlen. Allein der Dreiklang von Unterer und Oberer Brücke und Geyerswörthsteg, die innerhalb von 100 Metern die Regnitz überspannen, ist den Besuch wert. Wobei der Blick vom Steg aus der Beste ist, er fällt auf den Fachwerkteil des Alten Rathauses. Dieses steht auf einer äußerst schmalen Insel in der Pegnitz, was dem Umstand geschuldet sein soll, dass der Bischof einst dem Bürgertum kein Land für den Bau zugestanden hatte. Auf der Insel verlief seinerzeit die Grenze zwischen dem bischöflichen Teil der Stadt (Bergstadt) und dem bürgerlichen zwischen den beiden Regnitzarmen (Inselstadt). Herz der Inselstadt ist der Grüne Markt, Zentrum des bischöflichen Teils der alles überragende Dom. Beide Teile erschließt der Flusspfad, der auf 23 Tafeln das Leben mit und vom Fluss illustriert und bis ins Fischerviertel und zu den Gerberhäusern führt.

Altes Rathaus, Obere Brücke, 96047 Bamberg, www.bamberg.info

// Eingeschleust

Heute ist es nicht mehr die Regnitz, sondern der parallele Main-Donau-Kanal, der die wirtschaftliche Lebensader Bambergs und der Region ist. Davon zeugt die Bamberger Schleuse am Galgenfuhr samt Aussichtsplattform.

Die Flussinsel mit Rathaus markiert die Grenze zwischen Bürger- und Bischoffsstadt.

Die Kirchen St. Paul, St. Micha und St. Nikola sowie der Dom St. Stephan bestimmen Passaus Bild.

4 Passau

Passau setzt nochmal einen drauf: Die Stadt liegt gleich an drei Flüssen! Unmittelbar hinter der Altstadt fließen Donau, Iller und die kleinere Ilz zusammen. Gut beobachten lässt sich dies vom Dreiflüsseeck aus, an der sogenannten Ortsspitze, zumal die Iller eher graues Wasser führt, die Donau blau schimmert. Einen noch besseren Blick auch über ganz Passau gewinnt man vom Ludwigssteig und von der Veste Oberhaus am gegenüberliegenden Donauufer. Nicht belegt ist übrigens Alexander von Humboldts Wort über Passau, die Stadt sei eine der sieben schönsten der Welt. Mag sein, dass der weltreisende Gelehrte dies so oder ähnlich anlässlich seines Besuchs 1792 ausgesprochen hat. Einen Beweis dafür braucht es gar nicht, denn wir können uns selbst ein Bild machen – die Altstadt steht ja noch!

Dreiflüsseeck, Ortsspitze, 94302 Passau, www.passau.de

// Geheimtipp

Die Halser Ilzschleifen nur ein paar Kilometer außerhalb von Passau geben samt Fischweihern, Triftsperre, Flusssteg und Fußgängertunnel (!) ein unglaublich spannendes Spazier- und Wandergebiet ab.

#Urwald

11 Bayerischer Wald

Über ein Drittel der Fläche Bayerns ist bewaldet, wobei sich der größte Anteil in Privatbesitz befindet und damit meist als Wirtschaftswald dient. Im Höhenzug des Bayerischen Walds aber gibt es noch richtige Urwälder – also Wälder in ihrer ursprünglichen, sich selbst überlassenen Form. Diese sind naturgemäß nicht ganz leicht zu erschließen, aber es gibt eine Reihe an Zuwegen: den Urwaldsteig bei Bayerisch Eisenstein beispielsweise, der jedoch nur teilweise markiert ist und nicht ganz ungefährlich. Einfacher wandert es sich von der Ortschaft Zwieselwaldhütte hinauf in das Urwaldgebiet Mittelsteinhütte oder zum Höllbachgspreng. Über 500 Jahre sollen die Baumriesen im Hans-Watzlik-Hain auf dem Buckel haben (Buchen und Bergahorn), der mit einem regelrechten Urwalderlebnispfad hervorragend erschlossen ist. Die fünf Kilometer Rundwanderweg ab Parkplatz Brechhäuselau eignen sich zum Wandern auch mit Kindern.

Zwieseler Waldhaus, 94227 Lindberg, www.bayerischer-wald.de

// Wandermuffel

Zwischen Viesnach und Gotteszell verkehrt im Stundentakt die Waldbahn und fährt das Tal des Schwarzen Regen und damit dichte Wälder ab. So versteht man auch ohne einen einzigen Schritt zu tun, warum die Gegend »Bayerisch Kanada« genannt wird.

»Bayerisch Kanada« nennt man den Bayerischen Wald und übertreibt damit nur leicht.

Die Alternativen

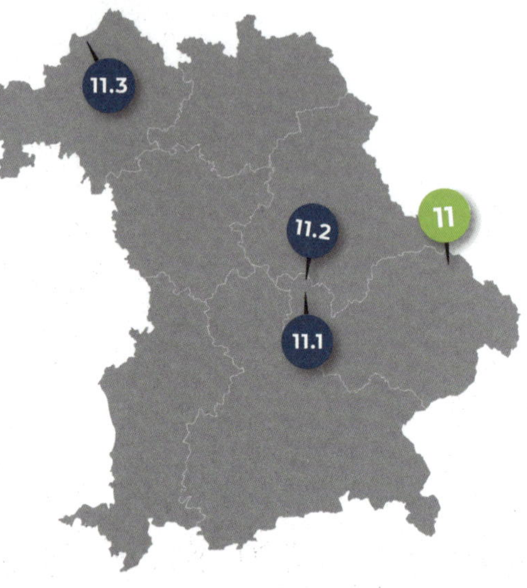

1 Hienheimer Forst/Ludwigshain

1906 besuchte König Ludwig III. Kelheim und war begeistert vom mächtigen Eichenbestand des Hienheimer Forstes zwischen Altmühl und Donau. Ihm zu Ehren wies man bereits 1913 den Ludwigshain auf der Anhöhe als Naturschutzpark aus. 1939 wurde daraus ein offizielles Naturschutzgebiet. Seit über 100 Jahren hat dort also niemand mehr Hand an die Bäume gelegt, und der Urwald ist zurückgekommen. Allerdings kommt dieser vergleichsweise licht daher, denn unter alten Eichen wächst nicht viel. Und es handelt sich um gerade einmal 2,5 Hektar, also etwa die Größe dreier Fußballfelder, sodass man sich nicht einmal verlaufen kann. Die Parzelle befindet sich unweit der kleinen Verbindungsstraße über den Hirschberg in Richtung Banken-Straße – am zugehörigen Parkplatz steht eine Schautafel. Übrigens kann man über den dort abgehenden Hauptweg durch fast den ganzen Hienheimer Forst spazieren und kommt am Parkplatz Waldkapelle wieder heraus.

Ludwigshain, Hienheimer Forst, 93309 Kelheim

// Monumental

Über eine Abzweigung von der gleichen Straße erreichbar ist die monumentale Befreiungshalle. Hier ließ König Ludwig I., der Griechenlandliebhaber, den Sieg über Napoleon feiern.

Wo Totholz liegen bleibt und Jungwald ungehindert nachwächst, dort steht heute noch (oder wieder) Urwald.

Uralte Buchen sollst du suchen!

2 Frauenforst

Der Frauenforst ist ein sogenanntes Naturwaldreservat unmittelbar nördlich des Zusammenflusses von Altmühl und Donau auf der Jurahöhe. Ab Ihlerstein merkt man, was da kommt, nämlich kilometerweites Nichts: keine Rodung, keine Ansiedlung, nur vereinzelt ein Wirtschaftsweg – sonst nur Wald, Wald und Wald. Knittelschlag heißt der geschützte Kernbereich, der hauptsächlich mit Buchen bestanden und in ein erheblich größeres, zusammenhängendes Waldgebiet eingebettet ist. Das Ganze ist schon vom Auto aus beeindruckend, aber eigentlich sollte man sich mit dem Fahrrad auf den Weg machen, hinüberfahren bis nach Regensburg, das Fahrrad-Waldbaden wäre erfunden. Einen perfekten Ausgangspunkt für Spaziergänge und Wanderungen findet man mit dem schmucken Gasthof Frauenhäusl, samt Biergarten mitten im Wald auf einer kleinen Lichtung – der einzigen weit und breit.

Frauenforst, 93309 Kelheim

// Raufsteigen

Der südliche Teil des Frauenforstes lässt sich auch komplett erwandern: Von Kelheim aus führt die erste Etappe des Jurasteiges mitten hindurch, um dann hinter Kapfelberg wieder die Donau zu überqueren und nach 21 Kilometern in Bad Abbach zu enden.

3 Biosphärenreservat Rhön

er Begriff Biosphärenreservat klingt radikaler ls Naturschutzgebiet, ist es aber nicht: Biosphäre meint Mensch und Kulturlandschaft mit, s geht nicht nur um Wildnis, sondern um Koxistenz. Die Wildnis hat aber in den sogenannen Kernzonen ihren Platz, auch in der Rhön – lem Mittelgebirgszug, den sich Bayern mit lessen und Thüringen teilt. Große Teile der hön werden schon seit 1991 von der UNESCO ls Biosphärenreservat anerkannt, und es sind ernzonen ausgewiesen, in denen die Natur ich selbst überlassen bleibt: Der Lösershag liegt assenderweise nahe dem Ort Wildflecken und st eine solche Kernzone. Hier entwickelt sich ler Wald seit 60 Jahren ohne menschliche Eingriffe weiter, Holz wird nicht geschlagen, Totolz nicht entfernt, Wege keine angelegt. Einzig ein Naturlehrpfad führt durch die Wildnis aus bizarren Baumskulpturen. Auf sieben Kilometern Rundweg erschließt sich einem, wie ein Wald wieder zu dem wird, was er immer war: Lebensraum. Für noch mehr Erläuterungen kann man im nahen Biosphärenzentrum »Haus der Schwarzen Berge« in Oberbach eine Gruppenführung anfragen.

Wanderparkplatz am Lösershag, 97772 Oberbach-Wildflecken, www.biosphaerenreservat-rhoen.de

// Ausweichmöglichkeit

Die Schwarzen Berge gleich südlich des Lösershag sind zwar nicht Kernzone, aber zumindest Landschaftsschutzgebiet und mit Wander- und Radwegen hervorragend erschlossen, Aussicht auf urige Wälder inklusive.

Besser auf den Wegen bleiben – ganz freiwillig!

Die Donau kurz vor Weltenburg, wo die Radwanderer mit einer Seilfähre übersetzen.

12 Donauradweg

Flussradwege haben einen Riesenvorteil: Größere Steigungen sind ausgeschlossen. Wenn die Strecke dann noch so gut ausgebaut ist wie an der bayerischen Donau, dann fliegt man nur so dahin. Ausreichend Zeit braucht es dennoch, allein für den Abschnitt von Donauwörth bis Passau sollte man eine volle Woche ansetzen. Abwechslungsreich wird es durch die Städte an der Strecke, aber auch die Landschaftsformationen ändern sich und trumpfen zuweilen sogar auf: An der Weltenburger Enge ist kein Durchkommen, der Radweg muss ausweichen. Eingerichtet wurde die länderübergreifende Route bereits seit den frühen 1980er Jahren und schrittweise komplettiert – inzwischen kommt man bis ans Schwarze Meer.

www.donau-radweg.info

// Reinschnuppern

Knapp 40 Kilometer sind es von Donauwörth bis Neuburg an der Donau, deshalb (und aufgrund der Donauauen sowie der Ausläufer der Fränkischen Alb) eignet sich die Etappe zum Probefahren.

Die Alternativen

1 Regnitzradweg

Auch Bamberg und Nürnberg sind mit einem recht neuen Radweg bestens verbunden, genau genommen sind es sogar zwei: Die etwas längere Talroute führt unmittelbar entlang der Regnitz und durch fränkische Fachwerkromantik, die direkte 75 Kilometer lange Kanalroute verläuft am Main-Donau-Kanal. Auf der einen Seite erhebt sich die Fränkische Alb, auf der anderen der Steigerwald – während beide Radrouten ohne größere Steigungen das Flachland dazwischen nutzen. Abschnittsweise überlagern sich die zwei Strecken, sodass zwischen ihnen auch gewechselt werden kann. Es mag ja sein, dass man die Fischkästen von Forchheim unbedingt mitnehmen will, anschließend aber lieber wieder am Kanal Strecke macht, anstatt jedes Dorf zu begutachten. Einmal in der Metropolregion Nürnberg angekommen, fallen beide Routen sowieso zusammen und schaffen das Kunststück, über Fürth bis in die historische Innenstadt Nürnbergs zu führen, ohne dass man von den über drei Millionen Einwohnern viel mitbekommt – hier nicht mehr an der Regnitz, sondern an der Pegnitz entlang.

www.regnitzradweg.de

// Fortsetzung

Von Nürnberg aus kann man gut noch ein paar idyllische Kilometer dranhängen, denn hier startet der Fünf-Flüsse-Radweg nach Amberg und Regensburg. Der erste Abschnitt führt 80 Kilometer am Alten Kanal entlang.

Rednitz und Pegnitz fließen bei Fürth zur Regnitz zusammen.

2 Donautäler

m Landkreis Günzburg, also zwischen Ulm und)illingen an der Donau, wurden 2017 gleich ine ganze Reihe an Radwegen neu eingerichet, welche insgesamt 14 Donautäler erschlieen. Damit sind die kleineren Nebenflüsse emeint, die links und rechts zur Donau fließen nd ganz unterschiedliche Landschaften fornen: von Heideland über Auwälder bis hin zum lindelsee. Im Prinzip bilden die einzelnen, hematisch organisierten Abschnitte von 16 bis 00 Kilometern eine große Runde, die auch als adreiseweg genutzt werden kann. Das Zauberafte daran ist einerseits die Vielgestalt der andschaft, andererseits, dass die Radwege erst och entdeckt werden wollen, und man so häuig ganz alleine unterwegs ist: Die Donautäler erstehen sich explizit als Alternative zur vielbeahrenen Strecke entlang der Donau Richtung)onauwörth. Dem Allgemeinen Deutschen ahrrad Club (ADFC) ist dieses Unterfangen amt der hervorragenden Streckenführung vier terne wert.

9312 Günzburg, www.donautaeler.com

/ Österreich in Bayern

Günzburg war bis 1806 eine österreichische Landeshauptstadt, wirklich wahr! Über die Donau war die Verbindung zum Kernland gewährleistet. Das und mehr zur vorderösterreichischen Geschichte erfährt man im Heimatmuseum vor Ort.

Auen, Altwasser und Flusslandschaften

Am linken Ufer hinter Fischen.

3 Illerradweg

Noch ein Fluss, noch ein Radweg! Dieser geht vom Flachland direkt dorthin, wo Bayerns Berge am schönsten sind: ins Oberallgäu nach Oberstdorf. Der Illerradweg startet in Ulm, und die folgenden 146 Kilometer werden schon deswegen als Naturerlebnisradweg angepriesen, weil man größtenteils auf Schotter fährt, stellenweise auch mal auf Naturpfaden oder über Wurzelwerk. Zudem ist die Iller launisch und befördert in manchen Jahren so viel Wasser gen Donau, dass der Weg abschnittsweise nicht befahrbar ist. Vor dem Start also dringend nochmal Informationen einholen. Ab Immenstadt geht es jedoch breit und bequem auf dem Illerdamm Richtung Hochalpen. Diese Etappe führt direkt am Grünten vorbei und ist landschaftlich eine tolle Kurztour (nur 20 Kilometer), ganz abgesehen davon, dass man Bahnanbindung genießt. Offiziell endet der Radweg noch vor Oberstdorf am Illerursprung, also am Zusammenfluss von Trettach, Stillach und Breitach.
www.illerradweg.de

// Immer weiter

Von Oberstdorf lässt sich die Tour beliebig verlängern: entweder in das lauschige Oytal und zur Käsealpe oder zum Christlessee, oder aber über den Schrofenpass auf der Transalp gen Italien! Alles ist möglich.

4 Schlossparkrunde

Klingt kurz und knackig, das stimmt aber nur bedingt: Mit »Schlosspark« ist die gesamte Region um Füssen bis hinauf nach Landsberg am Lech gemeint, weil sich dort die Königsschlösser nur so stapeln. Und die ganze Runde ist mit gut 200 Kilometern eine richtige Radreise, kein Ausflug. Königsschlösser und Alpenblick stehen allerdings schon auf der ersten Etappe auf dem Programm, die von Füssen über Hohenschwangau und Neuschwanstein nach Lechbruck am See führt. Mit 40 Kilometern und einer Höhendifferenz von nur 300 Metern ist das auch für Langschläfer an einem Sonntag zu schaffen. Auch die andere Richtung hat es in sich, hier kommt man erst am Weissensee und anschließend an der Burgruine Falkenstein vorbei, bevor es nach Pfronten und Nesselwang weitergeht – ein zauberhafter Ausflug über 20 Kilometer, an dessen Ende man die Bahn nehmen kann. *www.fuessen.de/rad/radfernwege/schlossparkradrunde-allgaeu.html*

// Alternativroute

Der ADFC vergibt für die Schlossparkrunde fünf Sterne, das ist die Höchstwertung! Wer es mit Asphalt nicht so hat, dem steht eine Alternativstrecke über das Faulenbachtal und den Alatsee nach Vils offen. Von dort immer an der Vils entlang nach Pfronten weiter und zurück auf die markierte Route.

Riedgras und Bergblick am Weissensee unweit vom Füssen

#Pilgerort

13 Altötting

Über eine Million Pilger kommen pro Jahr nach Altötting zur Gnadenkapelle. Grund ist die sogenannte Schwarze Madonna – eine figürliche Darstellung der Muttergottes aus dem 14. Jahrhundert, also der Frühgotik. Die Holzschnitzerei ist im Laufe der Jahrhunderte nachgedunkelt und von Kerzenruß geschwärzt worden. Zeitgleich wurde sie mit goldschimmernder Üppigkeit im Wortsinne zugedeckt: Nicht nur die Gnadenkapelle selbst erstrahlt, auch die Madonna ist in (im Verlauf des Kirchenjahrs wechselnde) »Gnadenröckl« eingekleidet und trägt einen Ring, der vom bislang prominentesten Pilger, Papst Benedikt, stammt. Die Wallfahrt zielt jedoch nicht auf äußere Pracht ab, sondern auf Vergebung. Die Marienfigur ist ein sogenanntes Gnadenbild, eine Heiligenabbildung, deren Verehrung Gnade vor Gott erwirken kann. *Gnadenkapelle, Kapellplatz, 84503 Altötting, www.gnadenort-altoetting.de*

// Kleiderschau

Besonders kostbare Gnadenröckl sind im Wallfahrtsmuseum ausgestellt, das auch über die Geschichte der Altöttinger Wallfahrt insgesamt aufklärt.

Ziel der Pilgerfahrt: die Gnadenkappelle

Die Alternativen

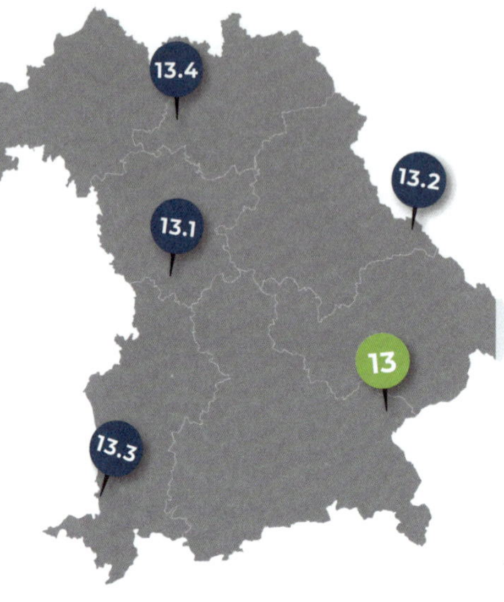

1 Heidenheim

Das kleine Heidenheim am Hahnenkamm wäre ein bekannter Pilgerort, wenn es samt Kloster nicht beizeiten zum Protestantismus gewechselt hätte. Mit Pomp und Personenkult haben es die Lutheraner ja nicht so, und deswegen kann man sich in Heidenheim anschauen, wie ein Pilgerort ohne Pilgergeschäft aussieht. Heidenheim ist also quasi das Gegenteil von Altötting, und das dortige Münster schon für die Gemeinde eine Nummer zu groß. Im Münster steht das Grabmal der Heiligen Walburga, die im 8. Jahrhundert das angeschlossene Kloster leitete und mit ihren beiden Brüdern, Willibald und Wunibald, die Gegend quasi im Alleingang missionierte. Willibald wurde erster Bischof in Eichstätt, und dorthin wurden Walburgas Überreste 100 Jahre nach ihrem Tod verbracht, in Heidenheim verblieb lediglich die steinerne Grablege! Die Reliquien wurden in einem Schrein der Klosterkirche St. Walburg aufbewahrt, die daher zum Wallfahrtsziel wurde und es bis heute blieb. Heilig ist Walburga nur den orthodoxen und katholischen Christen, sie wird traditionell am ersten Mai verehrt – daher der Begriff Walpurgisnacht.

Kloster Heidenheim, Ringstraße 8, 91719 Heidenheim, www.kloster-heidenheim.eu

// Täglich Brot

Schräg gegenüber dem Kloster, am Markplatz 5, öffnet die Bäckerei Schroth täglich um 5 Uhr 30. Ganz dringende Empfehlung, denn hier bäckt man noch richtiges Sauerteigbrot!

Die sterblichen Überreste Heiligen Walburga liegen schon la nicht mehr dort, wo die Grablege s

2 Neukirchen

Um Verwechslungen zu vermeiden, trägt der Marktflecken Neukirchen im Bayerischen Wald den Beinamen »beim heiligen Blut«. Das kommt nicht von ungefähr, sondern von der Jungfrau Maria: Ein Hussit, also ein Anhänger des böhmischen Reformators Jan Hus, schlug einst mit dem Schwert auf eine Marienskulptur ein. Zerstört wurde die Statue dadurch zwar nicht, aber aus dem gespaltenen Haupt begann eine Flüssigkeit zu rinnen: heiliges Blut. Schon zuvor war Neukirchen Wallfahrtsort gewesen, aber diese Erscheinung des 15. Jahrhunderts trug zur Bedeutung erheblich bei. Die Wallfahrer wurden in der Folge so zahlreich, dass ein ganzes Kloster (inklusive Brauhaus) gegründet wurde, um der Flut Herr zu werden. Pfarrei und Kloster samt Garten sind heute frei zugänglich, und ein Flügel ist zu einer Wallfahrts- und Begegnungsstätte umgewidmet worden. Besagte Marienfigur wird als Gnadenbild inzwischen hinter Glas verwahrt – in der barocken Wallfahrtskirche, deren siebenstöckiger Zwiebelturm schon von Weitem sichtbar ist.

Wallfahrtskirche Mariä Geburt, Kirchstraße 12, 93453 Neukirchen beim Heiligen Blut, www.neukirchen.bayern

// Pilgerroute

Neukirchen ist zugleich eine Station auf dem ostbayerischen Jakobsweg über Regensburg bis Donauwörth. Die Pilgerroute wird wieder gepflegt und ist beschildert, man könnte dem Muschelsymbol also folgen, und sei es nur für einen Tag.

Blutige Geschichte: Neukirchen

3 Gschnaidt

Der Weiler Gschnaidt ist mit seinen beiden Kapellen schon seit dem 17. Jahrhundert ein regional bekannter Pilgerort. Unerhörten Aufschwung erfährt er jedoch seit 1985, als ein Wallfahrer ein einzelnes Übergangskreuz mitgebracht und im Wald hinter den Kapellen deponiert hatte. Übergangskreuze werden so lange genutzt, bis der endgültige Grabstein aufgestellt ist. Wohin also damit? Schnell fanden sich Nachahmer, und dann wurde es Brauch: Über 2000 Holzkreuze stehen inzwischen ungeordnet und sich überlappend zwischen den Bäumen! Inzwischen sorgt sich die Gemeinde, es könnten zu viele werden, und bittet, keine mehr mitzubringen. Über all dem ist in Vergessenheit geraten, warum Gschnaidt ursprünglich zum Pilgerort wurde: ein Kraftort soll es sein, eine heilende Quelle gegeben haben. Und in der Kapelle ist das Grab eines Eremiten, der dort und nur dort habe bestattet werden können: Den Leichnam abzutransportieren sei unmöglich gewesen, die Pferde hätten gescheut und stets zum Hügel zurückgedrängt – also dahin, wo heute die Kapelle samt Kreuzen steht.

Gschnaidt, 87452 Frauenzell, www.gschnaidt.de

// Einkehr

Gschnaidt besteht außer dem Kapellenhügel aus einem einzigen Gebäude. Das aber ist praktischerweise der Gasthof zum Kreuz.

Das ist nur ein kleiner Teil, der Rest der Kreuze steht hinter der Kapelle im Wald.

Eine Station des ältesten noch erhaltenen Kreuzwegs Deutschlands

4 Bamberger Kreuzweg

Kreuzwege sind gewissermaßen Pilgerrouten im Miniaturformat. Sie zeichnen auf mehreren Stationen den Leidensweg Christi nach – so auch in Bamberg. Mit Leidensweg ist der Gang nach Golgatha gemeint, also zum Ort der Kreuzigung, der das Haus des Pilatus zum Ausgang hat. Deshalb ist die genaue Schrittzahl an den einzelnen Stationen in Bamberg eingraviert – die Gläubigen sollen es Christus im Gebet versunken gleichtun und möglichst die originalgetreue Entfernung zurücklegen. Unterwegs werden sie von Sandstein-Relieftafeln vom Anfang des 16. Jahrhunderts an das Schicksal Jesu erinnert: Station Nr. 6 zeigt zum Beispiel, wie Jesus unter der Last des Kreuzes zusammenbricht, Nr. 7 die Kreuzigung selbst und Nr. 9 schließlich die Grablegung. Der Weg ist dabei so angelegt, dass vom Ausgangspunkt an der St.-Elisabeth-Kirche bis zur Benediktinerpropstei St. Getreu mit dem Michaelsberg tatsächlich eine Anhöhe erklommen wird. Die Kalvarienberge im Voralpenland sind nach demselben Schema angelegt, aber wesentlich jüngeren Datums.

Bamberger Kreuzweg, St-Elisabeth-Kirche, Sandstraße 29, 96049 Bamberg, www.bamberg.info

// Kraftweg

Der nur noch in Teilen erhaltene Kreuzweg in Nürnberg wurde wohl vom selben Adligen gestiftet wie der in Bamberg. Doch in Nürnberg kennt man den Namen des Bildhauers, und deshalb heißt der Kreuzweg dort auch Adam-Kraft-Kreuzweg.

Dem Olympiastadion lässt sich aufs Dach steigen: mit Seil und Karabiner und innerhalb geführter Touren.

#Architektur-ikone

14 Olympiastadion München

Eigentlich ist es gar nicht das Stadion selbst, das die Strahlkraft entwickelt. Es ist vielmehr dessen markantes und weithin sichtbares Dach: Die Zeltdachkonstruktion überspannt nicht nur das Stadion, sondern auch die Zuwege samt der angrenzenden Olympia- und der Schwimmhalle. Transparenz und Offenheit sollten die Münchener Spiele 1972 zeigen, und das galt auch für die eigens hochgezogenen Bauten. Das Areal wurde vom Stuttgarter Architekturbüro Behnisch & Partner entworfen, inspiriert von einer Zeltdachkonstruktion des deutschen Pavillons auf der Expo 67 von Frei Otto. Der Designer Otl Aicher schuf für die Sportstätten zur Orientierung mit seinen Piktogrammen eine universelle Sprache, die bis heute eingesetzt wird.

Olympiastadion im Olympiapark München, Spiridon-Louis-Ring 25, 80809 München

// Um die Ecke

Aus dem Olympischen Dorf ist inzwischen ein vitales Münchener Viertel geworden, die Architektur wirkt zeitlos. Es liegt in unmittelbarer Nachbarschaft zum Stadion und muss zu Fuß erschlossen werden – Autos sind weitgehend verbannt.

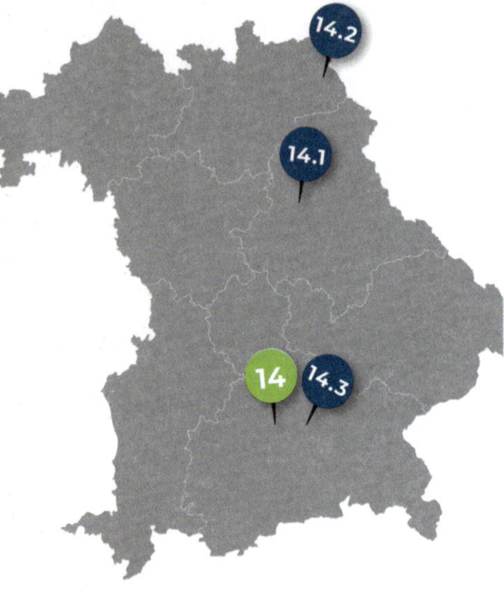

1 Glaskathedrale Amberg

Amberg hat viel zu bieten, aber dass sich am Stadtrand der mittelalterlich geprägten Kleinstadt ausgerechnet der letzte Bau von Walter Gropius befindet – wer hätte das gedacht? Fertiggestellt wurden die Thomas-Glaswerke 1970, aber das hat der Bauhaus-Gründer nicht mehr erlebt. Weil die zentrale Schmelzhalle dem Mittelschiff einer Kirche ähnelt, war schnell die Bezeichnung Glaskathedrale geboren. Die Schmelzhalle ist das Herz einer raumgreifenderen Anlage, deren zwei Seitenflügel jedoch aus nicht einsehbaren Flachbauten für Lager und Endfertigung bestehen. Produziert wird dort bis auf den heutigen Tag, inzwischen gehört das Glaswerk zu Nachtmann und fertigt vor allem hochwertige Weingläser im Auftrag der österreichischen Firma Riedel. Der Zugang ist deshalb nur im Rahmen einer Führung möglich. Solche organisiert das Stadtmuseum Amberg zweimal pro Woche oder nach Vereinbarung. Der Betonbau ist aber auch von außen beeindruckend – begutachten lässt er sich entweder von der Rosenthalstraße im Industriegebiet aus, oder man nähert sich über das Feld vom Gärmersdorfer Weg.

Glaskathedrale Amberg, Rosenthalstraße 12, 92224 Amberg, www.gropius-amberg.de

// *Spaziergang*

Von der Innenstadt und vom Vilstor, der »Stadtbrille«, kommt man ins Industriegebiet, indem man einfach den Spazierwegen am Fluss folgt. Beim Drahthammerschlöß'l in Richtung Leopoldstraße abbiegen und dann rechts die Gerresheimer Straße hinunter.

Gropius in der Oberpfalz

Die Porzellanfabrik in Selb gilt als spätes Hauptwerk von Walter Gropius.

2 Rosenthal am Rotbühl, Selb

Selb im Fichtelgebirge ist ein Zentrum der Porzellanindustrie und damit der Fabrikbauten. Als das Rosenthal-Werk vor den Toren der Kleinstadt 2010 unter Denkmalschutz gestellt wurde, war man im Ort davon nicht sonderlich begeistert: Man fürchtete um die wirtschaftliche Entwicklungsfähigkeit des nach wie vor produzierenden Standorts und damit natürlich um Arbeitsplätze. Mit der Gestaltung der Porzellanmanufaktur hatte Walter Gropius etwa zeitgleich wie mit der Glaskathedrale in Amberg begonnen, fertiggestellt wurde sie 1967. Der Bau gilt heute noch als visionär, weil einerseits die vorgefertigten Stahlbetonskelettteile eine flexible und nachträglich veränderbare Raumaufteilung gestatten. Andererseits, weil Gropius (ebenso wie sein Auftraggeber Philip Rosenthal) mehr im Sinn hatte als nur eine funktionierende Fabrik: einen Lebensraum. Davon zeugen die drei echte Flamingos, die inmitten der Produktion in einem tropisch bewachsenen Glasgewächshaus umherstolzieren. Gropius hatte beobachtet, dass die Porzellanarbeiter, ermüdet vom weißen Einerlei der Keramik, bunte Blumenvasen an ihren Arbeitstischen aufgestellt hatten. Als Rosenthal 2010 von italienischen Unternehmern aus der Insolvenz übernommen wurde, waren die drei Flamingos mit von der Partie.

Rosenthal, Geheimrat-Rosenthal-Straße 71, 95100 Selb, www.rosenthal.de

// Schöner einkaufen

Den Mitarbeiterparkplatz soll übrigens Friedrich Hundertwasser zusammen mit Philip Rosenthal bepflanzt haben, auch die »Baummieter« im Outlet-Center (am Philip-Rosenthal-Platz) gehen auf dessen Konto.

3 Pfarrkirche Seliger Rupert Mayer, Poing

Neu-Poing wird es verschmerzen, eine Schlafstadt genannt zu werden. Vom Hauptbahnhof aus erreicht man die Siedlung mit der S-Bahn im Münchener Osten innerhalb einer halben Stunde und ist doch schon mitten auf dem Land: Parkplätze, Flachbauten, Discounter und viel, viel Platz. Diesen Raum macht sich die neue katholische Pfarrkirche zunutze, denn es braucht nicht viel Höhe, um in dieser Umgebung zu beeindrucken. Der Namensgeber Rupert Mayer war Jesuit und gehörte dem katholischen Widerstand an, seliggesprochen wurde er 1987. Die Notwendigkeit eines Neubaus hatte sich durch Zuzug ergeben, die alte Kirche, die immer noch genutzt wird, war schlicht zu klein geworden. Als Sprungschanze Gottes wurde der erst 2018 fertiggestellte Bau bezeichnet, obwohl dieser einem Kristall nachempfunden ist. 15 000 erhabene Kacheln stiften die Mikrostruktur und lassen die Kirche je nach Lichteinfall funkeln oder erstrahlen. Mehrfach wurde das Gebäude ausgezeichnet, unter anderem als »schönste moderne Kirche« mit dem internationalen Preis für sakrale Architektur.

Kirche Seliger Pater Rupert Mayer, Gebrüder-Asam-Straße, 85586 Poing

// Fotospot

Der beste Punkt, um die Kirche zu fotografieren, liegt hinter dieser: über den kleinen Weiher hinweg – insbesondere abends, wenn die Lichter an sind, ein toller Anblick und ein super Motiv!

Sprungschanze Gottes nennt der Volksmund die Kirche von Poing.

Der Hügel ist künstlich, der sogenannte Monopteros den alten Griechen abgeschaut.

#Im Park

15 Englischer Garten

Ein Netz von fast 80 Kilometern an Wegen durchzieht den Englischen Garten, und doch kann es voll werden: all die Fußballspieler, die Frisbee-Werferinnen, die Radler und die Joggerinnen brauchen einfach Platz – ganz zu schweigen von den Menschen, die an schönen Tagen einfach nur zum Entspannen im Gras liegen. Nein, der Englische Garten ist kein Park, er ist eine Freizeit- und Begegnungsstätte, ein Open-Air-Event. Sie glauben, ich übertreibe? Im nördlichen Teil gibt es sogar Reitwege, und die Isarwelle im Eisbach ist überregional bekannt: Hier wird gesurft und geschaut, wie andere surfen! Das gesamte Areal steht heute unter Denkmalschutz und darf nicht bebaut werden. Und weil die 375 Hektar (fast vier Quadratkilometer) einst im Gegensatz zu einem französischen Barockgarten nicht geometrisch, sondern naturnah als englischer Landschaftsgarten angelegt worden sind, heißen sie auch so. Die Originalpläne von 1789 wurden von deutschen Landschaftsarchitekten entworfen und sind noch erhalten.

Englischer Garten, Eisbachwelle, Prinzregentenstraße 1, 80538 München, www.englischer-garten-muenchen-infos.de

// Panorama

Ein Blick auf die Frauenkirche und die Münchner Innenstadt bietet der Hügel des Monopteros – ein Tempelchen, das samt Aufschüttung 1836 in den Park eingefügt wurde.

Die Alternativen

1 Kurpark Sonthofen

Sonthofens ökologischer Kurpark ist ein zeitgenössisches Beispiel einer Parkanlage. Entstanden ist er als direkt aus dem Stadtzentrum schnell erreichbares Naherholungsgebiet auf dem Kalvarienberg. Ursprünglich war das Terrain Bauland, das jedoch von der Stadt bereits 1969 angekauft und 20 Jahre später in eine Parklandschaft umgewandelt wurde. Das Faszinierende am Park ist, dass die Stadt zugunsten des Bergpanoramas binnen weniger Minuten vollständig verschwindet, Verkehrsgeräusche werden vom alten Baumbestand geschluckt. Als ökologisch wird die Anlage bezeichnet, weil sie neben Insektenhotels und Trockenmauern auch ein Feuchtbiotop sowie einen Weiher umfasst und überdies die Krötenwanderung berücksichtigt. Der Stadt Sonthofen ist es also gelungen, ein Stück Natur mit Spazierwegen und Ruhebänken zu erschließen, ohne dabei den Dreiklang von Mensch, Natur und Tierwelt zu zerstören. Dafür gab es gleich zwei Umweltpreise, 2005 wurde Sonthofen insgesamt als »Alpenstadt des Jahres« belobigt. *Kurpark, 87527 Sonthofen, www.stadt-sonthofen.de*

// Rundweg

Entweder geht man von der Bergstraße über den Kalvarienberg direkt hinauf, oder man folgt vom Marktanger aus dem Erlebnisweg Alpenstadt, der mit dem Kurpark als einer der ersten Stationen schnurstracks in die Berge führt – bis zur Strausberger Alpe.

Mitten in der Stadt und doch schon in den Bergen: Der Kurpark von Sonthofen wurde gleich mehrfach ausgezeichnet.

Der barocke Hofgarten in Bayreuth wird durch englische Elemente aufgelockert.

2 Hofgarten Bayreuth

[N]un zu etwas völlig anderem: der barocken Vor[s]tellung von einem Park. Oder besser: Wandel[g]arten, denn dazu diente so ein Hofgarten [e]inst. In Bayreuth allerdings wurde die strenge [G]eometrie schon im 18. Jahrhundert abgewan[d]elt und durch freie Pflanzungen aufgelockert. [D]en ursprünglichen Charakter kann man aber [h]eute noch erkennen, und die Mischform [m]acht den Reiz aus: Alleen flankieren einen [k]ünstlichen Kanal, die Wege verlaufen meist in [g]erader Linie und eröffnen Sichtachsen. Wie in [V]ersailles oder Sanssouci ist der Park von einem [P]rachtbau aus gedacht, und auch in Bayreuth [n]immt das Neue Schloss die gesamte Westseite [d]es Parks ein, umarmt diesen gewissermaßen [z]usammen mit der Orangerie. Der Sonnentem[p]el von 1805 diente für Kammerkonzerte im Freien, und man kann sich gut vorstellen, wie sich der Hofstaat dort versammelte und Intrigen spann. »Englisch« hingegen ist der opulente Baumbestand, der nachträglich und ohne Rücksicht auf die ursprüngliche Geometrie gepflanzt wurde.

Neues Schloss und Hofgarten, Ludwigstraße 21, 95444 Bayreuth, www.bayreuth-wilhelmine.de

// Eremitendasein

Eremitage heißt die weitläufige Parkanlage etwas außerhalb Bayreuths am Roten Main, weil Teile des Hofstaats sich dort tagsüber im »Eremitendasein« übten, indem sie Grotten, Höhlen und verstreute Häuschen aufsuchten! Abends war dann aber jeweils Vollversammlung im Lustschloss.

3 Park Schönbusch

Schönbusch (von franz. *bois joli*) liegt nur wenige Kilometer außerhalb von Aschaffenburg und sprengt mit 20 Kilometern Wegenetz (auf 160 Hektar) ein wenig unsere Vorstellungen von einem Landschaftspark – aber das ging den Planern und Gestaltern im 18. Jahrhundert ähnlich: Es brauchte mehrere Anläufe, bis schließlich Friedrich Ludwig Sckell 1783 die Planung übernahm und erfolgreich umsetzte. Der Gärtner ist kein Unbekannter, er zeichnet auch für den Englischen Garten in München verantwortlich. Die Kunst am Landschaftsgarten ist es, Naturphänomene so zu verdichten, dass sie einerseits wie aus einem Guss erscheinen, sich andererseits in die natürlichen Gegebenheiten einpassen, um außerdem Auge und Gemüt der Besucher zu unterhalten und zu erfreuen. All dies lässt sich in Schönbusch nachvollziehen: Mit Orangerie, Schlösschen, Heckenirrgarten, Brücken und Seen, Sichtachsen und Ausblicken, Skulpturen und Denkmälern schafft der Park eine ganze Abfolge verschiedener Szenerien. Der vier Kilometer lange Rundweg schafft einen ersten Überblick, man passiert dabei aber nur die Highlights. Viel mehr gibt es zu entdecken! *Park Schönbusch, Kleine Schönbuschallee, 63741 Aschaffenburg, www.schloesser.bayern.de/deutsch/garten/objekte/as_sb.htm*

// Fotomotiv

Die Rote Brücke am Unteren See ist schon deswegen das Fotomotiv Nummer eins, weil auf der Brüstung vier Sphinxen lagern – malerisch drapiert mit dem See im Hintergrund.

Schönbusch ist kein sondern ein riesiges Landschafts

4 Gartendenkmal Lindenhofpark

Baumliebhaber aufgepasst: Die sehenswerten Villen entlang des Sonnenufers lassen wir beiseite, denn was die Natur im Lindenhofpark geschaffen hat, das übertrifft alles Menschenwerk. Seeschlössle, Villa Lindenhof und Schweizerhaus in Ehren, aber wo kann man schon einen Riesenmammutbaum bestaunen? Eine Weihrauchzeder? Einen Riesen-Lebensbaum mit Schwarzkiefern in direkter Nachbarschaft? Auf engsten Raum schießen diese und zahlreiche weitere Baumarten bis zu 30 Meter in die Höhe, die Stämme mit einem Umfang zwischen zwei und 8,70 Metern (Riesen-Mammut) – phänomenal! Von alleine entstanden ist all das natürlich nicht, der Natur musste schon ein bisschen unter die Arme gegriffen werden: 1840 begann Maximilian Friedrich Weyhe im Auftrag eines Unternehmers mit der Ausgestaltung und verwandelte die Reb- und Obstgärten des Bodenseeufers in einen Landschaftspark englischen Stils, der aber vor allem in Nähe der Villa auch mit französisch-formalen Elementen aufwartet. Dieses fast acht Hektar große Gesamtkunstwerk ist seit 1956 im Besitz der Stadt Lindau, frei zugänglich und ein beliebtes Sonntagsziel. Baden kann man dort auch.

Lindenhofpark, Lindenhofweg 19, 88131 Lindau, www.gartendenkmal-lindenhofpark.de/page/lindenhofpark.html

// Hinwandern

Der Lindenhofpark liegt auf einer ausgeschilderten Wanderstrecke den Bodensee entlang. Das Winzerstädtchen Nonnenhorn als Ausgangspunkt zu nehmen, um dann über den Park und den Damm auf die Inselstadt Lindau zu spazieren, ist eine ziemlich gute Idee und mit elf Kilometern von überschaubarer Länge.

Täglich kreist der Zeppelin

Mammutbaum (unterer Teil)

Gemälde heißt »pinax« auf Altgriechisch, der Genitiv lautet »pinakos« – und die Theke ist ein Aufbewahrungsort (nicht immer mit Tresen).

#Kunstschätze

16 Alte Pinakothek

Mal ehrlich: So einen Rubens, einen Rembrandt oder einen Dürer sollte man im Leben schon einmal in echt gesehen haben, oder? Einiges von dem, was die Alte Pinakothek in ihrer Dauerausstellung zeigt, kennt man von irgendwoher – Altdorfers Alexanderschlacht zum Beispiel muss im Netz immer mal wieder als Illustration für Schlachtengewimmel herhalten. Das Original aber ist fast zwei Quadratmeter groß und verrät Details, von denen man nichts ahnte. Von ihrem Innenleben einmal abgesehen, ist die Alte Pinakothek selbst eine Sehenswürdigkeit: Der langgestreckte Bau wurde von Leo von Klenze im klassizistischen Stil errichtet und 1836 eröffnet. Damals war der Neubau eine Sensation, machte er doch die königlichen Gemäldesammlungen für die Öffentlichkeit zugänglich, und heute ist er eine Galerie von Weltrang. Die Wiese davor haben die Münchner in Beschlag genommen und zum Freizeitparadies erkoren.

Alte Pinakothek, Barer Straße 27, 80333 München, www.pinakothek.de/besuch/alte-pinakothek

// Gut verpflegt

Man muss gar nicht wegen der Kunstschätze kommen, man kann auch einfach die Atmosphäre genießen: Das Café Klenze ist Teil des Museums und bietet neben britischen Scones, Kaffeespezialitäten und 80 (!) Sorten losen Tees ein erschwingliches Mittagsmenü an.

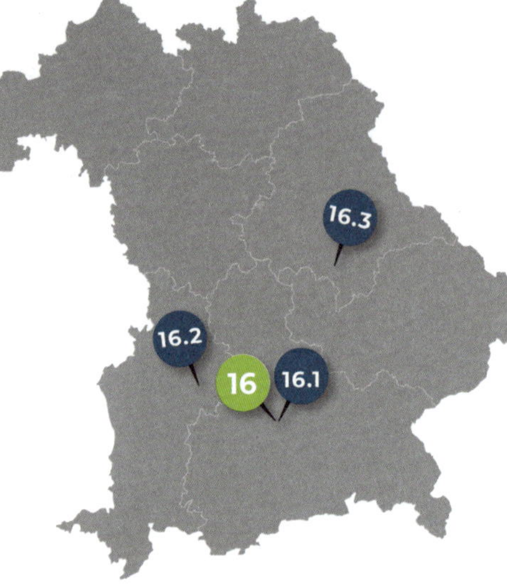

1 Schatzkammer im Münchener Residenz-Museum

König Ludwig I. hat seine Gemäldesammlung an die Pinakothek abgegeben, nicht aber Kronjuwelen und Kleinodien: Diese waren ja noch im Einsatz und verblieben bis zur Abdankung von Ludwig III. 1918 in der Münchener Residenz, also des Königs Wohnstatt. Heute zeigt die Schatzkammer im Residenz-Museum Wittelsbacher Preziosen vom Mittelalter bis Barock und Klassizismus. Dazu gehört auch die bayerische Königskrone, die wie viele der anderen Stücke mit Juwelen glänzt. Seit dem 16. Jahrhundert hatte sich das bayerische Königsgeschlecht als Sammler hervorgetan, denn damals wurde festgelegt, dass die Schätze in der Familie bleiben – nicht veräußert und nicht verschenkt werden dürfen. Seitdem ist einiges zusammengekommen, wobei sich Juwelenglanz und Geschmeidereichtum auch auf die Residenzzimmer ausdehnen. Diese sind übrigens im Originalzustand, kein Vorhang und kein Möbelstück wurde seit 1918 verrückt, und Nachmieter gab es auch keine. *Schatzkammer im Münchener Residenz-Museum, Residenzstraße 1, 80333 München, www.residenz-muenchen.de*

Hinfallen, aufstehen, Krönchen richten!

// Upcycling

Das Residenztheater musste aufgrund vollständiger Zerstörung nach dem Krieg zwar neu aufgebaut werden, die Logenränge des Zuschauerraums sind jedoch original: Diese waren 1943 ausgelagert worden und konnten wiederverwendet werden.

2 Schaezlerpalais Augsburg

Von vorne, von der Maximilianstraße aus, wirkt das Schaezlerpalais fast bescheiden: ein ornamental geschmücktes Bürgerhaus, möchte man meinen. Weit gefehlt: Das Gebäude ist über 100 Meter tief und öffnet sich zu einem Rokoko-Garten hin. Wie auch sonst könnte man in den Innenräumen sowohl eine Barocksammlung als auch Alte Meister (Dürers Fuggerporträt), eine Grafische Sammlung *und* einen ganzen Kunsthändler-Nachlass unterbringen? Und zwar ohne den ebenfalls im Rokokostil ausgestalteten Festsaal auch nur anzutasten. Allein der ist einen Besuch wert, und es bleibt unverständlich, warum im Schaezlerpalais vergleichsweise wenig los ist. Wo sonst steht man Auge in Auge mit Dürer, Cranach, Holbein und van Dyk, ohne dass man drängeln muss? Der Erbauer des Schaezlerpalais war übrigens wirklich ein Bürger: Benedikt Adam Liebert wurde in den Adelsstand erhoben und damit ein Augsburger Patrizier. Als reicher Kaufmann musste er sich daraufhin nach standesgemäßem Wohnraum umsehen und ließ das Stadtschloss bauen. Schaezlerpalais heißt es lediglich nach seinem letzten Besitzer, der es der Stadt Augsburg vermachte. *Schaezlerpalais, Maximilianstraße 46, 86150 Augsburg, kunstsammlungen-museen.augsburg.de/schaezlerpalais*

Die recht schmale Vorderseite des Palais.

// Kirchenschatz

Noch mehr Schätze birgt das nahe Diözesanmuseum St. Afra direkt am Dom: von den Waffen Kaiser Karls V. über mittelalterliche Textilien bis hin zu historischer Kunst aus Kirchen und Klöstern.

Im Dom selbst finden sich neben Fenstern aus d
19. Jahrhundert auch mittelalterliche Glasmalere

3 Domschatz Regensburg

Regensburg galt bis zur Neuzeit als Zentrum der Goldschmiedekunst, wovon der Domschatz ein lebendiges Zeugnis ablegt: Reichverzierte Kelche, Bischofsstäbe, goldene Kreuze und sogar goldbestickte Ornate werden in der ehemaligen bischöflichen Residenz direkt am Dom zur Schau gestellt. Vieles stammt aus dem Mittelalter, manches aus Barock und Renaissance, und einiges wird heute noch verwendet und zu hohen Kirchenfeiertagen in der Messe eingesetzt. Der Domschatz bildet etwa 1000 Jahre Kirchengeschichte ab, die ältesten Exponate sind der sogenannte Wolfgangskelch und ein Messgewand aus der Zeit der Salier – einem frühen fränkischen Adelsgeschlecht, aus dem die ersten deutschen Kaiser hervorgingen. Beeindruckend ist neben den einzelnen Objekten auch, wie sie in Szene gesetzt werden. Die satten Farben und die Lichtregie verleihen der Ausstellung etwas Mystisches. Dazu trägt auch bei, dass man von der Residenz über ein Seitenportal direkt in den Dom wechseln kann und dann unmittelbar vor dem Altar steht. Im Durchgang stößt man auf mittelalterliche Steinreliefs und das bischöfliche Wappen, das ebenfalls in Stein gehauen wurde.

Domschatz, Krauterermarkt 3, 93047 Regensburg, www.bistumsmuseen-regensburg.de

Eine von drei alten Grabplatten im Museumsvorraum

// Gegenstück

Das Museum St. Ulrich liegt um die Ecke und beleuchtet christliche Kunst mehrerer Jahrhunderte, wobei der Fokus hier eher auf figürlichen Darstellungen und Gemälden liegt als auf liturgischen Gegenständen. Zudem reicht die Sammlung bis in die Gegenwart und umfasst zum Beispiel auch Arbeiten von Markus Lüpertz.

#Kunstort

17 Lenbachhaus

»Blauer Reiter« ist das Stichwort, und deshalb zieht es die Menschen zum Lenbachhaus. Dort gibt es aber weit mehr zu sehen als Franz Marcs Pferde oder Kandinskys Abstraktionen. Der Maler Franz von Lenbach schuf mit seiner Villa von Anfang an einen Raum für die Kunst – für eine zeitgenössische, weltoffene, moderne Herangehensweise. Das Gebäude samt Garten im Stil der italienischen Renaissance wurde 1891 fertiggestellt und ist selbst sowohl Attraktion wie farbenfroher Fremdkörper in der klassizistisch geprägten Maxvorstadt. Erst 2013 wurde es um einen Ergänzungsbau erweitert, um von den 30 000 Kunstwerken möglichst viele auch zeigen zu können. Ursprünglich konzentrierte sich die Sammlung auf Münchener Künstler. Inzwischen sammelt das Lenbachhaus zusätzlich zeitgenössische Kunst, zeigt Arbeiten von Joseph Beuys oder Anselm Kiefer. Besonders spannend sind die Wechselausstellungen, die Tendenzen des Kunstgeschehens anschaulich vor Augen führen. *Lenbachhaus, Luisenstraße 33, 80333 München, www.lenbachhaus.de*

// Noch mehr Kunst

Nicht weniger als 18 Museen und Dauerausstellungen sind im sogenannten Münchner Kunstareal in der Maxvorstadt beheimatet. Man kann also zwischen Alten Meistern, Antike und Moderne nach Belieben hin und her springen.

Großzügige Villa, beste Innenstadtlage, täglich zu besichtigen.

Die Alternativen

1 Murnau

Die Gegend um Murnau am Staffelsee stiftete dem Blauen Reiter zahlreiche Motive und wurde zum Produktionszentrum. Gabriele Münter bezog dort 1909 zusammen mit Wassily Kandinsky eine Art Gartenvilla und machte diese zum Anziehungspunkt nicht nur für Franz Marc, Paul Klee oder August Macke, sondern auch für Komponisten wie Arnold Schönberg. Franz Marc war es, der Murnau als »Blaues Land« bezeichnete und sich zahlreiche Inspirationen dort holte. In Murnau war es auch, wo der Almanach »Der Blaue Reiter« maßgeblich konzipiert wurde, welcher der Gruppe mit Erscheinen 1912 schließlich den Namen geben sollte. Das Titelbild stammt von Kandinsky, es zeigt einen Holzschnitt des Heiligen St. Georg, der ausschließlich blau koloriert wurde. Kandinsky: »Je tiefer das Blau wird, desto tiefer ruft es den

Hier wurden Pläne geschmiedet: Gabriele Münters Rückzugsort am Staffelsee.

Menschen in das Unendliche, weckt in ihm die Sehnsucht nach Reinem und schließlich Übersinnlichem.« So tief wie das Blau des Staffelsees oder des Himmels über Murnau, möchte man meinen. *Münter-Haus in Murnau, Kottmüllerallee 6, 82418 Murnau, www.muenter-stiftung.de*

// Pflichtbesuch

Wo so viel gemalt wurde, da bleibt auch etwas hängen: im Schlossmuseum Murnau nämlich! Ein ganzer Raum ist samt Bildern von Marc, Kandinsky und Jawlensky dem Blauen Reiter gewidmet – Gabriele Münter ist mit einer eigenen Sammlung vertreten.

Ausstellungsort und Labor zugleich: das Buchheim-Museum

2 Museum der Phantasie (Buchheim-Museum)

Lothar-Günther Buchheim ist vor allem als Verfasser des Klassikers »Das Boot« bekannt, weniger als Maler und Autor kunsthistorischer Schriften. Schon nach Kriegsende befasste er sich eingehend mit Max Beckmann, Otto Mueller und weiteren Expressionisten der Künstlerbewegung »Die Brücke«. Sie waren damals noch gar nicht recht bekannt, und Buchheim konnte eine umfassende Sammlung zu Tiefstpreisen erwerben. Diese Sammlung wiederum ist der Grundstock des Museums der Phantasie, das 2001 in Bernried am Starnberger See die Pforten öffnete – sechs Jahre vor Buchheims Tod. Der Bau wurde vom Freistaat Bayern finanziert und erinnert nicht zufällig an ein mehrstöckiges Schiff – samt Steg auf den Starnberger See hinaus. Man punktet mit bekannten Namen und Wechselausstellungen von Weltrang – das Besondere am Museum aber ist seine Kinderfreundlichkeit: Im Labor der Phantasie soll und darf der Nachwuchs sich ausprobieren, an Material mangelt es nicht. Überhaupt geht es dem Museum nicht ausschließlich um große Kunst, sondern um deren Fundament: die Phantasie. Von Buchheim ist bekannt, dass er den »Wiesenpfaden der Kunst« mehr Wert beimaß als den Hauptachsen und Autobahnen. *Buchheim-Museum der Phantasie, Am Hirschgarten 1, 82347 Bernried, www.buchheimmuseum.de*

// Fährfahrt

Mit dem Schiff ins Museum? Überhaupt kein Problem: Die Bayerische Seen-Schifffahrt bietet sogar ein Kombiticket an, bei dem ab Starnberg, Tutzing oder Ambach der Museumseintritt inkludiert ist.

Malerisch im Wortsinne: Kallmünz' Hauptgasse.

3 Kallmünz

Man muss nicht kunstbeflissen sein, um das Örtchen Kallmünz unweit von Regensburg zu schätzen. Schließlich ging es den Nürnberger und Münchner Künstlern, die ab der Jahrhundertwende die Kleinstadt an Naab und Vils für sich entdeckten, in erster Linie um die Sommerfrische. 1901 verschlug es den Impressionisten Charles Johann Palmié zum Landschaftsmalen in die Gegend, fortan entwickelte sich das Gasthaus Rote Amsel zur Anlaufstelle für allerlei illustres Großstadtvolk bis hin zur Etablierung einer Künstlerkolonie und einer Malschule. Kandinsky kam 1903 mit sechs Schülern, eine davon war Gabriele Münter, mit der er sich noch vor Ort verlobte – obwohl Kandinsky verheiratet war. Schon mit dem Ersten Weltkrieg flaute das Interesse an Kallmünz ab, nach dem Zweiten Weltkrieg kam es zum Erliegen. Das Ortsbild von Kallmünz hat sich aber seit jenen Zeiten kaum verändert, malerisch ist kein hinreichendes Wort für die Lage am Fluss. Kallmünz ist eine Perle, keine Frage: zwei historische Häuserzeilen, gespickt mit Rathaus- und Kirchturm, einmal um den Felssporn gestreckt, auf dem die Burgruine liegt. Eine Silhouette, die samt Brücke und Flusslandschaft heute noch zum Malen einlädt. Wie wär's, die Galerie am Fels bietet Kunstkurse an …

93183 Kallmünz, www.kallmuenz.de

// Badengehen

Gleich mehrere Einstiege ermöglichen das Bad im Fluss, abends ziehen hier die Anwohner ihre Bahnen – ein Wehr sorgt dafür, dass die Raab nur langsam fließt. Also unbedingt Badesachen einpacken!

Die mittelalterliche Brücke verbindet den neueren mit dem alten Teil von Kallmünz

Münchens Südsee: der Flaucher

#Picknick am Fluss

18 Flaucher

München ist im Vergleich zu anderen deutschen Großstädten eher arm an Grünflächen, was den Zuspruch erklärt, den nicht nur der Englische Garten, sondern auch der sogenannte Flaucher erfahren. Mit Letzterem sind die Isarauen im Münchener Süden gemeint – der Name stammt von einer 1870 eröffneten Gastwirtschaft am westlichen Ufer. Zwischen Thalkirchner und Brudermühlbrücke erstreckt sich das Münchener Epizentrum für Picknick und Grillen schlechthin. Mit am beliebtesten sind die Flaucherinseln, wo man auf breiten Kiesbänken zwischen den Flussarmen sitzt und es sogar einen offiziellen FKK-Bereich gibt. Einen voll ausgestatteten Grillbereich findet man am rechten Flussufer, nördlich des Tierparks Hellabrunn. Grillvorrichtung und Sitzquader sind fest installiert, nur Kohle und Grillgut sollte man mitbringen.

Flaucher, Isarauen, 81543 München, www.zumflaucher.de

// Mit dem Rad

An den Isarauen führt ein Radweg entlang – was die Suche nach einem lauschigen Plätzchen vereinfacht. Auch nach Süden kann man ausweichen, der Schlichtweg führt immer weiter hinaus aus der Stadt, bleibt aber der Isar treu.

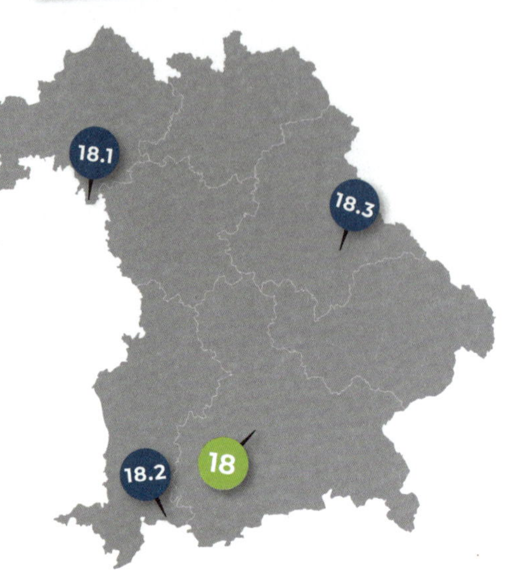

1 Tauberrettersheim

In Tauberrettersheim wird die Tauber durch ein kleines Wehr zurückgestaut, woraus sich ein Becken ergibt. Fast das ganze Dorf geht dort nach Feierabend eine Runde schwimmen, und die Kinder spazieren direkt über das Wehr von Ufer zu Ufer – was natürlich verboten ist, hier jedoch niemanden stört. Am rechten Ufer, also gegenüber von Dorf und Bebauung, hat die Gemeinde eine Art Park eingerichtet: Wiesen mit Bänken und Tischen unter hohen Bäumen und Zustiegen zum Tauberbecken – wenn Picknick, dann hier! Wo doch schon das gesamte Taubertal eine einzige grüne Idylle ist, da setzt das kleine Tauberrettersheim dem Ganzen die Krone auf. Wie zum Beweis, dass die Einladung zum Verweilen ernst gemeint ist, gibt es unmittelbar hinter dem Picknickgelände einen offiziellen Wohnmobilstellplatz. Beides scheint sich noch nicht so richtig herumgesprochen zu haben, denn viel los ist hier nicht. Nicht einmal die Radfahrer finden hierher, denn die Route verläuft am anderen Ufer und damit durchs Dorf hindurch. Eine Flussbiegung weiter beginnt schon Baden-Württemberg, und den meisten gilt Weikersheim als lohnenderes Etappenziel.

97285 Tauberrettersheim,
www.tauberrettersheim.de

// Must-see

Die eigentliche Sehenswürdigkeit Tauberrettersheims und eine Ikone des gesamten Taubertals findet sich am Dorfausgang: Die alte Tauberbrücke ist wohl das meistfotografierte Motiv entlang des Taubertal-Radwegs.

Das »*Freibad*« von Tauberrettersheim.

2 Weissensee

Direkt hinter Füssen, am Westufer des Weissensees, liegt die Ortschaft Oberkirch. Der Seezugang von Oberkirch wiederum besteht aus einem Seebad samt großer Liegewiese. Das Seebad ist ebenso frei zugänglich wie die Bänke und Tische, die direkt am Seeufer stehen. Das Alpenpanorama, das unmittelbar an den See anschließt und abends anschaulich macht, was Gipfelglühen bedeutet, ist ebenfalls gratis – gleichwohl unbezahlbar! Eine Alternative ist die kleine Landzunge am Pfarrhof etwas weiter östlich, also der offizielle Panoramablick, dort allerdings muss man sich mit einer Bank begnügen – der Blick über den See ist der gleiche! Kalkablagerungen im Weissensee sollen für den Namen verantwortlich sein, aber um einen weißlichen Schimmer zu erzeugen, muss wahrscheinlich die Lichtstimmung passen. Das Besondere am Weissensee sind seine grundverschiedenen Ufer: Rund um das Seebad, die Dörfer und die Landzunge bleibt es flach bis wellig, wohingegen die andere Seeseite recht forsch ansteigt und von dunklem Wald gesäumt wird. Dennoch lässt sich der gesamte See auf einem angenehmen Rundweg einmal umwandern – keine zwei Stunden dauert das, und ließe sich ja mit einem Picknick verbinden.

Liegewiese Weissensee, Pfrontener Straße, 87629 Oberkirch, www.fuessen-weissensee.de

// Zweiter Stock

Direkt im Wald über dem Weissensee befindet sich ein weiterer kleinerer und nicht immer ganz geheurer See: Der Alatsee wird von dunklem Wald umarmt und liegt fern der Welt, so scheint es jedenfalls. Dennoch gibt es auch hier eine Wiese samt Badestelle, das Wasser ist selbst im Hochsommer saukalt!

Alpenglühen am Weissensee

Wie hingemalt: Oben das Kloster, unten zwei Häuserzeilen, davor der Fluss.

3 Reichenbach

An der richtigen Abfahrt von der B16 abgefahren, blickt man unverhofft auf Kloster Reichenbach: über den Fluss Regen, auf einer Anhöhe, das gleichnamige Dorf zu Füßen. Das Kloster ist mit Mauern bewehrt, das Dorf aber liegt offen zum Regen hin, unten am Fluss ist ein kleines Stück Wiese zum Aufenthaltsort mit Bänken umgestaltet. Ideal für eine Verschnaufpause, bevor es zum Kloster hinaufgeht, dessen Geschichte so wechselhaft ist, dass sie hier gar nicht skizziert werden kann. Zur anderen Seite hin, an der Lindenstraße, hat die Gemeinde hinter Bäumen eine Art Campingplatz eingerichtet, für dessen Nutzung man sich anmelden muss – das Toilettenhäuschen ist verschlossen. Teil des Platzes ist aber ein Holzpavillon und eine Feuerstelle – ein paar Meter weiter führen zwei Treppen zum Regen-Ufer und ein Schild warnt, Baden geschehe auf eigene Gefahr. Kloster, Pavillon, Badestelle: Wenn das mal kein erstklassiger Picknickplatz ist!

93189 Reichenbach, www.gemeinde-reichenbach.de

// Waldbaden

Über Reichenbach führt der Fernwanderweg Goldsteig – folgt man diesem durch Reichenbach, landet man erst mitten im Wald und nach knapp drei Kilometern auf dem Gipfel des Pfaffensteins (519 Meter) – eines markanten Felsgebildes mit Aussicht.

19 Benediktinerabtei Ottobeuren

Das Kloster in Ottobeuren ist in Deutschland ohnegleichen: im Jahr 764 gegründet, im Geviert erbaut, mit einer Achse von fast 500 Metern an Gebäuderiegeln und mit einer barocken Basilika an der Stirnseite ausgestattet. Der Gebäudekomplex wurde deswegen schon mit dem Escorial in Madrid verglichen – aufgrund der schieren Größe, weniger wegen der baulichen Ausstattung. Fast irrwitzig wirkt es da, dass die seit ihrer Gründung durchgängig besetzte Benediktinerabtei heute von nur 13 Mönchen und einem Abt betrieben wird. Zu Blütezeiten waren es mehrere Hundert Mönche. Prekär wurde ihre Lage mit der Säkularisierung 1802: Kirchengüter und Ländereien wurden beschlagnahmt, Steuerprivilegien gingen auf den Staat über – also auf das Königreich Bayern. Viele Klöster mussten ganz, manche zu Teilen aufgegeben werden, der Betrieb wurde schlicht unwirtschaftlich. Heute lebt die kleine Mönchsgemeinschaft von Kirchensteuern und Kollekte, Klostergebäude und Basilika unterhält der Staat.

Benediktinerabtei, Sebastian-Kneipp-Straße 1, 87724 Ottobeuren, www.abtei-ottobeuren.de

// Ausbüxen

Nur 15 Kilometer entfernt, in Buxheim bei Memmingen, haben die Karthäuser eine nicht minder beeindruckende Klosteranlage hinterlassen. Besonders bemerkenswert ist das reich verzierte und mit Schnitzereien ausgestattete Chorgestühl.

Mit dem Wort von »Benediktbeuren« erfasst der Volksmund die Dominanz des Klosters sehr präzise.

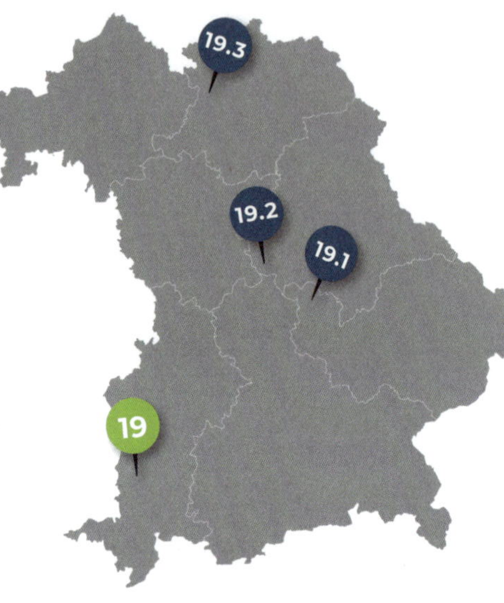

1 Weltenburg

In Weltenburg spielen nicht die Klostergebäude die Hauptrolle, sondern die Lage am Donaudurchbruch: Warum bitteschön baut jemand gerade dort eine Klosteranlage hin? Nun, die Gründung ist Wandermönchen geschuldet, und man darf mutmaßen, dass diese um das Jahr 600 nach Christus einfach nicht weiterkamen und an Ort und Stelle das machten, was jeder vernünftige Wanderer machen würde: Zelte aufschlagen! Die heutige Anlage stammt aus dem 18. Jahrhundert, gilt aber gleichwohl als älteste klösterliche Niederlassung Bayerns und ist daher von Weltruhm. Die Klosterbrauerei gehört zwar dem Benediktinerorden, wird aber von weltlichen Kräften betrieben. Anders ginge es auch gar nicht, denn hier leben noch genau sieben Mönche. Drei davon kompensieren die Exerzitien übrigens regelmäßig mit Sport: Der eine fährt Rad, der zweite spaziert, der dritte joggt. Alle müssen sie auf der einzigen Straße entlang, die Weltenburg mit der Welt verbindet, alle kommen sie an der Pension Donaublick vorbei. Nur einer, der Spaziergänger, gerät dabei

Nur zu Fuß kommt man bis zum Geviert der Klosteranlage.

egelmäßig in Schwierigkeiten – die anderen ragen Sportkleidung, er aber den Talar. Und der Hund der Wirtin mag kein Schwarz.

Kloster Weltenburg, Asamstraße 32, 93309 Kelheim-Weltenburg, kloster-weltenburg.de

// To go

Apropos Wirtin: Diese bewirtschaftet zusätzlich zur Pension einen kleinen Laden und hält das Weltenburger Bier vorrätig – auch die Sechser-Tragerl mit dem Probiersortiment.

Im Kloster Plankstetten pflegt man einen weltoffenen Stil.

2 Benediktinerabtei Plankstetten

Trotz der fast 1000-jährigen Geschichte geht man im Kloster Plankstetten neue Wege: Im Untergeschoss der angestammten Klosterkirche wurde in den 1990er Jahren eine byzantinische Krypta eingerichtet – also ein orthodox ausgestaltetes Gotteshaus. Schon seit 1989 fanden im Kloster Ikonen-Malkurse statt, und da dachte man sich: Warum nicht die Krypta mit Ikonen ausmalen. Gesagt und bis 2003 auch getan! Damit nicht genug, die Krypta sieht nicht nur orthodox aus, sie ist es! Priester Christoph Heinzmann ist Benediktiner, hält aber zugleich Gottesdienste in orthodoxer Liturgie und versteht sich auf die Dos und Don'ts der Ikonenverehrung. Überhaupt zelebriert die Abtei Offenheit: Neben einem lebendigen und durchaus aktuellem Kursprogramm (Waldbaden!) sind Gäste eingeladen, im Kloster zu verweilen und an den Gebetszeiten der Mönche teilzunehmen. Auf Wunsch auch mit spiritueller Begleitung. Platz dafür ist genug, unlängst wurden zusätzliche Gästezimmer nach baubiologischen Gesichtspunkten ausgebaut. Die sogenannte Schneemühle, ein Wirtschaftsgebäude, dient schon seit 1980 als Jugendhaus und steht externen Gruppen offen – einmal im Monat findet eine Jugendvesper statt, also ein Gottesdienst im ökumenischen Geist von Taizé.

Klosterplatz 1, 92334 Berching, www.kloster-plankstetten.de

// Gebenedeiter Wald

Direkt vom Kloster geht es auf den Benediktusweg und zum Kruzerloch – ein Rundwanderweg nach Berching, der neben Informationen zur benediktinischen Lebensführung eine ganze Menge Waldbaden bietet.

Jeder, der mit dem Zug von Nürnberg nach Leipzig oder Berlin gefahren ist, hat Kloster Banz schon mal gesehen – allerdings nicht aus der Nähe.

Kloster Banz

Jeder, der schon einmal mit dem Zug von Nürnberg nach Berlin gefahren ist, kennt Kloster Banz zumindest vom Sehen: die mächtige Anlage sitzt hinter Bad Staffelstein auf einer Anhöhe am Obermain. Direkt gegenüber, auf der anderen Mainseite, streckt sich ein weiteres sakrales Gebäude in den Himmel: die Basilika Vierzehnheiligen. Vorher schon passiert der Zug den Burgstall Ansberg mit der St.-Veitskapelle und die Adelgundiskapelle auf dem Staffelberg, beide sind jedoch von der Strecke aus nicht sichtbar. Die Häufung christlicher Bauten auf den Höhenzügen gibt dem Land, durch das die Züge rasen, den Namen: Gottesgarten.

Kurz entschlossen kann man in Lichtenfels aussteigen und die fünf Kilometer zum Kloster laufen – erst am Main und die Mainauen entlang, am Badesee Reundorf vorbei, über den Fluss und durch den Wald hinauf. Kloster Banz wurde nach dem Dreißigjährigen Krieg neu und ausgesprochen imposant im Barockstil errichtet, musste jedoch nach der Säkularisierung aufgegeben werden. Eine Wittelsbacher Nebenlinie nahm sich des Baus an, taufte ihn Schloss und machte ihn zur Sommerresidenz. Heute gehört das ehemalige Kloster der Hanns-Seidel-Stiftung, ist aber als Tagungsstätte frei zugänglich – die Innenräume jedoch nur im Rahmen einer Führung.

Kloster Banz, 96231 Bad Staffelstein,
www.hss.de/bildungszentren/kloster-banz/

// Aussichtspunkt

Am Staffelberg genießt man eine Aussicht über den gesamten Gottesgarten und die Einkehr in die Staffelbergklause. Von Bad Staffelstein über Kriegerdenkmal und das sogenannte Keltentor in einer guten Stunde zu erreichen.

Bernried am Südwestufer mit Kloster

20 Starnberger See

Der Starnberger See ist *das* Ausflugsziel der Münchner, was nicht allein der S-Bahn-Anbindung geschuldet ist, wie man an den sonntäglichen Hin- und Rückstaus ablesen kann. Und: Rund um den See herrscht eine phänomenale Millionärsdichte, selbst Sissis Schloss in Possenhofen ist in Eigentumswohnungen umgewandelt worden. Das bedeutet jedoch nicht, dass es keine lauschigen Plätze oder Geheimtipps gäbe, man muss nur etwas weiter nach Süden ziehen: Der öffentliche Münsinger Badestrand an der Nördlichen Seestraße ist so ein Ort, ebenso die historische Badeanstalt in Feldafing, deren denkmalgeschützte Architektur noch aus den 1920er Jahren stammt. Das Südbad von Tutzing ist groß genug, um es mit einem Ansturm aufzunehmen, und schon deswegen lohnenswert, weil dort noch abends die Sonne hinfällt. Um die Wasserqualität muss man sich nirgends Sorgen machen, die ist durch die Bank hervorragend.

Strandbad Feldafing, Königinstraße 4, 82340 Feldafing, www.strandbad-feldafing.de

// Sissis Tipp

Knapp zweihundert Meter sind es von Feldafing bis zur einzigen Insel im Starnberger See, der Roseninsel. Gute Schwimmer erreichen Sissis Lieblingsplatz ohne Probleme, alle anderen können sich mit dem Kahn übersetzen lassen.

1 Pilsensee

Der kleinere Pilsensee liegt zwischen Starnberger und Ammersee und damit ein bisschen im toten Winkel. Alles andere aber – klares Wasser, Bergpanorama und Badefreuden – ist absolut vergleichbar. Nur ist der Pilsensee um einiges wärmer, denn er misst nur 17 Meter Tiefe, was ja nicht schadet. Obwohl sich das Seeufer größtenteils in Privatbesitz befindet oder – wie im Herrschinger Moos – als Naturschutzgebiet ausgewiesen ist, finden sich ausreichend Badestellen vor allem rund um Seefeld: Das beginnt mit der weitläufigen Liegewiese des Campingplatzes und führt nicht einmal einen Kilometer weiter zum sogenannten Lieblingsplatz. Der Name soll von einem Kiosk der 1970er Jahre stammen, das Nachfolgemodell offeriert von Pommes über Kuchen all das, was man an einem Badetag so braucht. Die Liegewiese ist geschützt und lang und liegt in der vollen Abendsonne. Umkleiden und Toiletten stehen

Die geringe Tiefe sorgt für vergleichsweise warmes Wasser: Perfekt für einen Badetag!

ur Verfügung, obwohl das Badevergnügen umonst ist. Widdersberg wiederum hat eine eigene kleine Badestelle, deren schattige Lage im Hochsommer ein Vergnügen ist.

ieblingsplatz, Seefelder Straße 106, 82211 Herrsching/ Widdersberg

// Schlossbräu

Auf Schloss Seefeld residiert nicht nur die gräfliche Familie, sondern auch ein Bräustüberl im historischen Gewölbesaal. Dessen bayerisch-rustikale Küche und das hauseigene Bier können den Badetag abrunden.

Klein aber fein und ziemlich weit vom Schuss: der Hahnenkammsee

2 Hahnenkammsee

Der Hahnenkammsee, unweit von Heidenheim im gleichnamigen Höhenzug, ist nicht natürlichen Ursprungs, sondern Resultat einer Aufstauung. Als erstes und kleinstes der mittelfränkischen Rückhaltebecken (Rothsee, Altmühlsee, Brombachsee) wurde er bereits vor einem halben Jahrhundert geflutet und hatte seither ausreichend Zeit, sich zu einer Idylle zu entwickeln. Gleichzeitig ist er so abgelegen, dass er nicht als Teil des Fränkischen Seelandes wahrgenommen wird und entsprechend wenig frequentiert ist. Gleichwohl steht mit Parkplätzen, Strandbad, Gastronomie und Tretbooten alles bereit, was man für einen lauschigen Badetag braucht. Wie die anderen Stauseen wurde auch der Hahnenkammsee von Anfang an als Erholungsgebiet geplant, ist daher komplett unverbaut und kann auf einem Spazierweg umrundet werden.

Allesamt waren die Seen notwendig geworden, um die Altmühl zu bändigen. Der träge Fluss neigte noch in den 1960er Jahren dazu, weite Teile seines Beckens und damit fruchtbares Ackerland zu überfluten. Aufgabe des Hahnenkammsees ist dabei, die kleine Rohrach davon abzuhalten, frühlings zu viel Wasser gen Altmühl zu schicken.

Hahnenkammsee, Hechlinger See 1, 91719 Heidenheim, www.zv-hahnenkammsee.de

// Flussab

Die Rohrach ist abgesehen von der Rückstauung weitgehend naturbelassen geblieben, das gesamte nur zwölf Kilometer lange Tal ist ein Abschnitt des Frankenweges. Vom Hahnenkammsee kann man also in beide Richtungen loswandern, zum Beispiel hinunter nach Wettelsheim.

3 Forggensee

Auch der Forggensee ist ein Stausee, der allerdings im Winter abgelassen wird. Dann treten auf der Ostseite sogar dammartige Überbleibsel der Via Claudia Augusta zutage, einer Römerstraße. Durch die Aufstauung gingen Mitte der 1950er Jahre ganze Dörfer verloren, und die Lechauen verschwanden, was damals zu Protesten geführt hatte. Heute protestiert man eher gegen die winterliche Leerung des Sees, weil diese dem Tourismus so gar nicht förderlich ist: Erst Mitte Juni ist der See vollständig gefüllt – also gerade rechtzeitig zur Badesaison. Mein Lieblingsfleck ist das kleine Waltenhofen am Ostufer, dort hört die Bebauung vollständig auf, das Seeufer ist unmittelbar zugänglich, und auf einem Spazierweg kommt man bis zu einer Art Landzunge. Von dort hat man einen phänomenalen Blick auf das Ammergebirge zur einen, das Hohe Schloss Füssens zur anderen Seite. Baden ist im Prinzip überall möglich, die Landzunge ist jedoch strategisch gut gelegen, weil man Zugang zum Campingplatz und damit zu Gastronomie und Toiletten genießt. Auch direkt bei Waltenhofen kommt man gut ins Wasser, entweder über den Bootssteg oder beim Bootshaus im Norden der Ansiedlung, wo sich der offizielle Parkplatz befindet.

Parkplatz Waltenhofen, Forggenseestraße, 87645 Schwangau, www.schwangau.de

// Fotomotive

Es lohnt sich, dem Uferweg bis hinter Waltenhofen zu folgen, denn erstens läuft man an der mittelalterlichen Kirche vorbei, zweitens findet sich dort die Bootsanlegestelle – beides großartige Fotomotive.

Blick auf Waltenh

4 Notzenweiher

Ein Weiher wie aus einem Filmset, sagen wir einem 1980er Jahre-Tatort – der Notzenweiher wirkt wie arrangiert, Kiosk, Beachvolleyballplatz und Liegewiese wie vorsätzlich drapiert. Überflüssiges gibt es nicht, alles hat seinen Zweck. Zugänglich ist das Gewässer im Kemptner Wald ausschließlich über die Badestelle und deren Zufahrtsweg, die anderen Ufer sind dicht mit Röhricht bestanden und Schutzzonen. Meistens ist gerade so viel los, dass man die Badestelle als belebt bezeichnen kann und dass der Kiosk hoffentlich ausreichend Umsatz macht, um im nächsten Jahr wieder zu öffnen.

Notzenweiher, 87488 Betzigau

// Eine Runde drehen

Die Runde um den Notzenweiher führt über Unterhalden und die Schwedenkapelle über gut fünf Kilometer einmal um den See, allerdings nicht am Ufer, sondern über Feuchtwiesen und Waldland.

#Dorfschönheit

21 Bad Endorf

1962 stieß man anlässlich von Gas- und Erdölbohrungen bei Endorf auf eine Thermalquelle – jodhaltiges, heißes Solewasser aus 5000 Metern Tiefe! Gut für den Kreislauf und entzündungshemmend. Es sollte noch über 20 Jahre dauern, bis Endorf als Heilbad anerkannt würde.
Die örtliche Therme stellt heute jedoch nur eine Zugabe zu dem natürlichen Reichtum dar, über den Bad Endorf schon aufgrund seiner Lage verfügt: Der Chiemsee und die Chiemgauer Alpen sind nicht weit, das Landschaftsschutzgebiet Simssee wie auch die Eggstätt-Hemhofer Seenplatte liegen um die Ecke und sind mit Rad- und Wanderwegen bestens erschlossen. In früheren Zeiten war es die Salzstraße, die Endorf zu Bedeutung verhalf, heute kreuzen sich dort gleich mehrere Fernwanderwege und der 2005 erschlossene Benedikt-Radpilgerweg. Das beschauliche Endorf darf sich also zu Recht als touristischer Knotenpunkt begreifen … obwohl: »Hot-Spot« trifft es ja besser!

83093 Bad Endorf, www.bad-endorf.de

// Seeblick

Von der Ratzinger Höhe südlich von Bad Endorf (und insbesondere vom dortigen Aussichtsturm) sieht man den ganzen Chiemsee und hat einen wunderbaren Blick auf die Alpen.

In der bescheidenen St.-Andreas-Kirche beim Ortsteil Thalkirchen sind die Plätze noch mit den Familiennamen markiert.

Die Alternativen

1 Perlesreut

Perlesreut liegt ziemlich genau zwischen den Flusstälern der Ilz und der Ohe im Dreiburgenland. Noch nie gehört? Sehen Sie, das ist der Punkt: Der ganze Landstrich Richtung tschechische Grenze lag zu lange zu nahe am Eisernen Vorhang, als dass touristische Entwicklung dort so richtig hätte einsetzen können. Aber das ist heutzutage eher ein Vorteil: Perlesreut ist mit einer Höhenlage von 500 Metern und der mangelnden Anbindung an jedwede Fernstraße die Ruhe selbst. Dass das Dorf zudem ein staatlich anerkannter Erholungsort ist, sei daher geschenkt! Man muss weder Leistungssportler noch Langstreckenwanderer sein, um sich auf den Gold- oder den Pandurensteig zu begeben. Beide Fernwanderwege verlaufen in unmittelbarer Nähe, sind hervorragend markiert und lassen sich auf Tagesetappen oder Spaziergänge herunterkürzen. Insbesondere die verwunschenen Wanderwege im Ilztal tun Auge und Gemüt gut – die Ilz ist der letzte ungebändigt mäandernde Fluss Oberbayerns und keine vier Kilometer vom Ortszentrum entfernt. Die Ohe liegt noch näher: In nur 20 Minuten steht man an der Messerschmidmühle und auf dem Mühlenwanderweg.

Tourist-Information Perlesreut, Unterer Markt 3, 94157 Perlesreut, www.perlesreut.de

// Übernachtung

Eine der drei Burgen, die dem Landstrich den Namen geben, ist die Saldenburg: ein einziger rechteckiger Wohnturm, der einst über Handelswege wachte. Weil weithin sichtbar, von den Einheimischen auch »Waldlaterne« genannt, aber nur zugänglich, wenn man sich für eine Nacht in die dortige Jugendherberge einmietet. Empfehlenswert!

Das Abseits hat sein Gutes: Ruhe und Erholung bietet Perlesreut schon qua Lage.

2 Dollnstein

Zwar ist das Altmühltal eine touristische Hauptverkehrsader, viele der Dörfer beeinträchtigt dies jedoch kaum. Sowohl Wanderer als auch Kajak- und Radfahrer kommen durch Dollnstein, verköstigen sich, plantschen in der Altmühl und sind spätnachmittags schon wieder weg. Dollnstein jedoch eine Dorf-Schönheit zu nennen ist nicht fair und sachlich auch nicht ganz richtig – immerhin zeugen die Wehrmauern und Überreste einer Burganlage von einer bedeutsameren Vergangenheit: Der Markt lag über Jahrhunderte in einem Grenzgebiet, erst zwischen Alemannen und Franken, später zwischen dem Bistum Eichstätt und der Grafschaft Oettingen. Grenzstreitigkeiten machten eine Befestigung notwendig und sorgten für das kompakte Ortsbild und die heute eigenartige Mischform aus dörflichem Leben und städtischer Einfriedung. Typisch für Dollnstein sind nicht etwa Bürgerhäuser, sondern gedrungene Häuser aus Jura-Stein. Das Altmühlzentrum Burg Dollnstein ist selbst ein Beispiel für diese regionaltypische Bauform und kann samt dem Dachstuhl in Augenschein genommen werden: Die ausladenden Dächer wurden mit Schiefer gedeckt und waren derart schwer, dass nur eine spezielle Balkenkonstruktion das Gewicht halten konnte.

Altmühlzentrum Burg Dollnstein, Unterer Burghof 5, 91795 Dollnstein, www.dollnstein.de

// Überblick

Die Schaffung des breiten Talkessels rund um Dollnstein ist nicht das Werk der Altmühl alleine – in grauer Vorzeit floss hier die Urdonau, bevor diese sich eines Besseren besann. Die Altmühl wiederum legte sich ab Dollnstein ins gemachte Bett. Einen Überblick verschafft der Urdonautalsteig unmittelbar bei Dollnstein.

Teile der alten Befestigungsanlage sind heut bewohnt…

...was auch für Sulzfeld gilt.

3 Sulzfeld am Main

Der Main ist an Sehenswürdigkeiten nicht gerade arm, da wundert es nicht, dass eine Dorfschönheit wie Sulzfeld unter dem Radar bleibt. Obwohl die Gemeinde quasi alles hat, was ein Traumziel ausmacht: 21 (!) erhaltene Türme und Tore der mittelalterlichen Befestigungsanlage, eine intakte Altstadt mit Fachwerkperlen wie dem Papiushof, acht Weingüter, die meisten Sonnenstunden der Region und die Meterbratwurst. 1953 soll eine ausgehungerte Wandergruppe im Gasthaus zum Goldenen Löwen schoppenweise Wein getrunken und sich an den Bratwürsten gelabt haben. Einer der Gäste zum Wirt: »Also die Bratwürschd könnt ich fei meterweis essen!« Eine halbe Stunde später landete die erste Meterbratwurst auf dem Tisch, und eine Tradition war geboren. Inzwischen wird diese in fünf Sulzfelder Gaststätten serviert und darauf gewartet, dass jemand den Rekord von über fünf Metern bricht. Der oder diejenige brauche sich dann um die Rechnung keine Sorgen machen, heißt es. Bier zur Bratwurst ist in Sulzfeld übrigens verpönt, ein Wein vom Main muss es sein!

Gasthaus zum Goldenen Löwen, Langengasse 2, 97320 Sulzfeld am Main, www.sulzfeld-main.de

// Abhängen

Mainlände heißt der breite Grünstreifen vor Sulzfelds Toren entlang des Mains – so ein Outdoor-Wohnzimmer, wo sich der ganze Ort trifft, Kinder spielen, Rentner flanieren, ganze Familien picknicken und abends die Jugend abhängt.

22 Herrenchiemsee

Die Art der Anreise ist für einen Ausflug ausschlaggebend – wer will schon im Stau stehen oder im übervollen Regionalexpress. Zumindest der letzte Abschnitt auf dem Weg zum Schloss Herrenchiemsee kann gar nicht enttäuschen oder stressig werden: Man setzt mit der Fähre über. Dabei bleibt es einem überlassen, ob man den kurzen Weg von Prien aus nimmt oder doch lieber etwas Anlauf, um von Seebruck quasi eine Kurzkreuzfahrt mit Zwischenstopp auf der Fraueninsel zu unternehmen. Die Aussicht auf die Chiemgauer Alpen ist berauschend, die Überfahrt wirkt zugleich beruhigend. In einer Art heiterer Gelöstheit geht es anschließend zum eigentlichen Ausflugsziel. Wer sich vertut oder schlicht und einfach bis in die Nacht bleiben möchte, der kann sich ein Wassertaxi rufen!

Schlosspark Herrenchiemsee, 83209 Herrenchiemsee, www.chiemsee-schifffahrt.de

// Inselrundgang

Kreuz und quer verlaufen Spazier- und Wanderwege über die Herreninsel. Je weiter man sich vom Schloss und der eigentlichen Gartenanlage entfernt, umso lauschiger wird es. Tipp: Ottos Ruh an der Südwestseite, wo die Küstenlinie wesentlich steiler ausfällt. Benannt nach dem Bruder von König Ludwig II.

Nach Herrenchiemsee führen verschiedene Wasserstraßen.

Die Alternativen

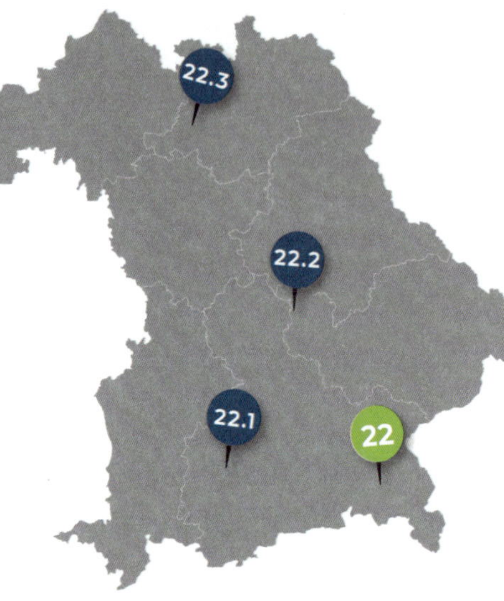

1 Ammerseerundfahrt

Wer von München aus mit der S-Bahn nach Herrsching an den Ammersee fährt (und nicht sofort nach Kloster Andechs weiterwill), der ist in wenigen Minuten am Seeufer und steht vor dem Anlegesteg. Drei Rundfahrten bietet die bayerische Seenschifffahrt an: zum nördlichen Seeufer, zum südlichen und die große Rundfahrt, die über drei Stunden in Anspruch nimmt – eine veritable Seereise! Dafür kommen schmucke Raddampfer zum Einsatz, von denen der älteste noch aus dem Kaiserreich stammt. Die Schiffe laufen die Ortschaften rund um den See an, und die Passagiere dürfen die Fahrt nach Belieben unterbrechen – man steigt einfach dort aus, wo es einem am besten gefällt! Das Strandbad Utting mit seinem hölzernen Zehn-Meter-Sprungturm ist daher ebenso als unverbindlicher Vorschlag zu begreifen wie der Skulpturenweg bei Schondorf, der über den Weingartenweg zum Strandhaus Ammersee führt. Die sogenannte Vogelfreistätte am Südufer ist Naturschutzgebiet und nicht erschlossen, 600 Meter von den Seeanlagen in Dießen entfernt steht jedoch ein Aussichtsturm und gewährt einen Blick ins Habitat.

82211 Herrsching am Ammersee,
www.seenschifffahrt.de/de/ammersee

Vom Fähranleger geht es in beide Richtungen über und um den See.

// Selbst steuern

Natürlich kann man auch in Eigenregie aufs Wasser, mit dem Tretboot kommt man nicht weit, aber elektrisch betrieben lassen sich auch entferntere Buchten ansteuern. Das alles geht ohne Führerschein, zum Beispiel über den Bootsverleih Stumbaum direkt in Herrsching.

An der Schranke gilt Selbstbedienung

2 Fähre Einig–Hienheim

Ehrlich gesagt, hat die Fähre mehr Ähnlichkeit mit einem Floß als einem Dampfer, und mehr als zwei kleine Pkw passen sowieso nicht drauf. Hauptaufgabe des Fährmanns ist die Abfertigung der Fahrradfahrer, die auf dem Donauradweg unterwegs sind. Er nimmt 1,50 pro Person, das Fahrrad setzt für 50 Cent mit über. Eine Brücke gibt es weit und breit nicht. Die Seilfähre kommt ins Spiel, sobald man beherzt auf den Gong schlägt, der bei Hienheim am Schwarzen Brett hängt. Fährmann Viktor Beisel kommt nämlich vom anderen Ufer, wohnt also schon in der Hallertau und hängt wahrscheinlich im Ufer-Biergarten ab. Das ganze Unternehmen ist alles andere als ein Touristengag: Die Überfuhr wurde 1270 erstmals urkundlich erwähnt. Mehrfach fielen die Fähren Naturgewalten oder Kriegen zum Opfer, stets wurde die Überfahrt wieder aufgenommen. Gierseil- oder Strömungsfähre muss es eigentlich korrekt heißen, denn die Fähre ist unmotorisiert und nutzt über den Stellwinkel die Kraft der Strömung, wobei sie mit dem Seil verankert ist. Eine weitere Bezeichnung lautet »Fliegende Brücke« – ein kleines Abenteuer ist die Fährfahrt allemal! Direkt beim Kloster Weltenburg kann man das ganze Spiel wiederholen: Dort operiert die zweite Seilfähre und bringt die Radfahrer zurück, denn durch die Weltenburger Enge ist kein Weiterkommen.

Fähre Einig–Hienheim, Zur Überfuhr, 93333 Hienheim

// Ausflugsziel

Nachdem die Fährfahrt recht schnell vorüber ist, brauchen wir noch ein Ausflugsziel. Uns bleibt gar nichts anderes übrig, als den Biergarten Einig zu nehmen, denn viel mehr gibt es nicht.

3 Fischerviertel Bamberg

Klein-Venedig heißt das Fischerviertel von Bamberg, und es gibt in Bamberg sogar Gondolieri samt zweier original venezianischer Gondeln. Die verkehren aber vor allem auf dem Alten Kanal: Der Regnitzarm ist den größeren Ausflugsschiffen vorbehalten. Direkt in der Innenstadt, unterhalb des historischen Rathauses, boarden wir am alten Hafen ein solches und kommen auf der 80-minütigen Rundfahrt bis zum ERBA-Park zuallererst an der ehemaligen Fischersiedlung vorbei – also bitte steuerbord an die Reling setzten, sonst blickt man auf das falsche Ufer. Und: Kamera oder Handy bereithalten, denn die Reihe alter, kleiner, blumengeschmückter Fachwerkhäuschen will man automatisch fotografieren. Es geht gar nicht anders: Die Gärten sind Anlegestellen, Klein-Venedig trifft also ins Schwarze, sieht man

Klein-Venedig, Bamberg

davon ab, dass kein Kanalsystem zwischen den Häusern verläuft. Von der Landseite ist die Häuserzeile nicht halb so malerisch, und man ahnt vom Flusszugang nichts, kommt auch gar nicht zu dessen Ufer – alles privat.

Klein-Venedig, Fischerei 31, 96047 Bamberg, www.personenschiffahrt-bamberg.de

// Fotospot

Natürlich bekommt man Klein-Venedig auch von der Landseite vor die Linse, ist dann allerdings nicht so nah dran: Am Leinritt, dem ehemaligen Treidelpfad, steht eine offizielle Aussichtsplattform, aber von der Markusbrücke fotografiert es sich auch nicht schlecht!

Erst kam das Gipfelhaus, dann die Bahn.

#Technische Glanzleistung

23 Wendelsteinbahn

Die Schweiz war Vorbild zu Beginn der touristischen Erschließung des Alpenraums – also ab Mitte des 19. Jahrhunderts. Zuvor galten Berge schlicht als unwirtlich, wenn nicht sogar als grausam und dämonisch – warum sollte man dort hinaufwollen, wo nichts mehr wächst und nackter Fels steht? Dann aber kamen die Berge plötzlich in Mode, und ein gewisser Thomas Cook organisierte die erste Pauschalreise zu Viertausendern. Fortan brauchte es Infrastruktur und Logistik für die zahlreicher werdenden Gäste – und am Wendelstein (1838 Meter) wurde ein Gipfelhaus errichtet. Schnell begannen die Planungen, den Berg mit einer Zahnradbahn vollends zu erschließen: 1912 ging Deutschlands erste Hochgebirgsbahn in Betrieb! Die Wendelsteinbahn war schon deswegen eine Sensation, weil sie elektrisch betrieben wurde – durch ein eigens errichtetes Turbinenkraftwerk, ein Stromnetz gab es in der Gegend noch gar nicht. Heute noch ist die knapp acht Kilometer lange Strecke am und durch den Fels atemberaubend: Sieben Tunnel und zwölf Brücken zählt man bis zur Gipfelstation!

Talstation Wendelsteinbahn, Sudelfeldstraße 106, 83098 Brannenburg, www.wendelsteinbahn.de

// Sie haben Anschluss

Zur Talstation läuft man vom Bahnhof Brannenburg in einer halben Stunde, sommers pendelt ein Bus. Der Wendelstein ist von Bayerisch Zell aus zusätzlich mit einer Seilbahn erschlossen – es gibt Kombitickets, sodass man von der einen Seite rauf- und zur anderen runterfahren kann.

Die Alternativen

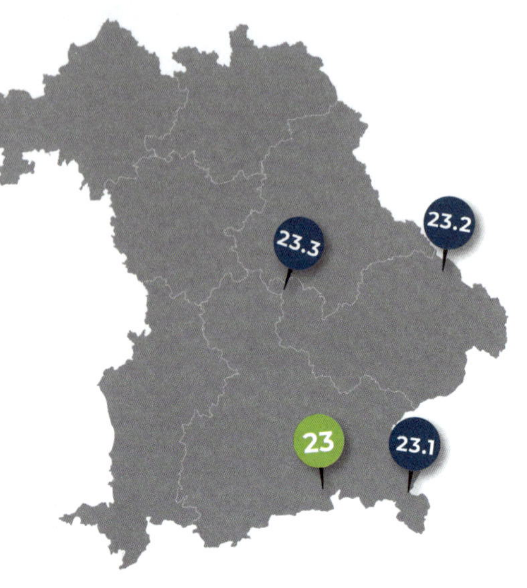

1 Predigtstuhlbahn

Die Kabinenbahn zum Hausberg von Bad Reichenhall, dem Predigtstuhl, ging 1928 in Betrieb, und das sieht man ihr auch an: Mit fast 100 Jahren auf dem Buckel handelt es sich um die älteste Gondel der Welt, die noch im Original betrieben wird! Zudem wird sie als eine der zehn spektakulärsten Seilbahnen weltweit gehandelt. Die Kabine ist ein fotogener achteckiger Pavillon, ein Maschinist auf der Bergstation steuert die Grande Dame der Alpen über 2,5 Kilometer Steigflug hinauf. Rund 1000 Höhenmeter werden dabei überwunden! Die Eleganz selbst der Stützen am Berg ist kein Zufall: Die Bahn wurde für das mondäne Kurpublikum Bad Reichenhalls erbaut und sollte diesem die Bergwelt erschließen. Die Stadt und der Kurverein versprachen sich davon einen Vorsprung vor der Konkurrenz und hatten das schweizerische Davos als Vorbild vor Augen. Neben Aussichtspunkten und Wegenetz wurde auch ein Restaurant mit Glasfront in der Höhe eingerichtet. Die gesamte Bahn steht inzwischen unter Denkmalschutz – wird aber natürlich technisch auf dem neuesten Stand gehalten und entsprechend überwacht. Auch wenn es sich nicht so anfühlt: Seilbahnen sind das sicherste Verkehrsmittel der Welt!

Predigtstuhlbahn, Südtiroler Platz 1, 83435 Bad Reichenhall, www.predigtstuhlbahn.de

// Abstieg

Über den Waxriessteig kommt man zu Fuß ins Tal zurück an den Saalachsee. Das eignet sich allerdings nur für Geübte, denn der Steig ist stellenweise ausgesetzt und nicht im besten Zustand – ganz im Gegensatz zur Seilbahn!

Wenn schon die Anreise zum Abenteuer wird:
Demnächst wird die Kabinenbahn 100 Jahre alt!

2 Glaspyramide Zwiesel

»Feines Glas und gutes Holz sind Zwiesels Stolz« – die Kleinstadt Zwiesel ist eines der Zentren der Glasproduktion und liegt mitten im Bayerischen Wald. Dass kein Mangel an der Ressource Glas herrscht, zeigt der verschwenderische Umgang damit: Vor dem Werksverkauf von Zwiesel Kristallglas steht eine Glaspyramide, die – erst 2007 aufgestellt – inzwischen als Wahrzeichen der ganzen Stadt gilt. Der Begriff »Glaspyramide« ist wörtlich zu nehmen, denn diese besteht aus 93 665 einzelnen Kelchgläsern. Arrangiert wurden alles innerhalb zweier Wochen von Hand und nach Augenmaß, das Resultat misst über acht Meter, hat 65 Schichten an Gläsern und wiegt 11,5 Tonnen: ein Weltrekord! Das Ganze konnte man natürlich nicht so im Freien stehen lassen, weshalb eine zweite Pyramide aus Glasscheiben die Konstruktion schützt. Das Klima im Inneren wird reguliert, die Luft entfeuchtet und der Staub abgesaugt. So können die Kristallkelche im Laufe der Zeit nicht verschmutzen und strahlen fort – im Wortsinn eine technische Glanzleistung!

Glaspyramide, Dr.-Schott-Straße 25, 94227 Zwiesel, www.zwiesel.de/kunst-und-kultur/glas-stadt/glaspyramide.html

// Hinter den Kulissen

Der Prozess des Glasmachens lässt sich in der familiengeführten Rotwaldglashütte am Stadtrand hautnah miterleben. Man sollte sich jedoch voranmelden, nicht immer ist offen.

In Zwiesel versteht man sich auf Hochstapelei.

Einmalige Konstruktion und komplett aus Holz: der Tatzelwurm

3 Essinger Holzbrücke Tatzelwurm

Den Rekord als längste Holzbrücke Europas hält sie zwar nicht mehr, einen Schönheitspreis gewinnt sie aber locker – auch noch 30 Jahre nach ihrem Bau! Der sanfte Schwung, mit dem die Essinger Holzbrücke Fußgänger und Radfahrer über den Main-Donau-Kanal befördert, hat jedoch mehr als nur ästhetische Gründe. Bei einer sogenannten Spannbandbrücke dient das mittige Durchhängen unmittelbar der Statik: Die Kräfte werden horizontal verteilt. Ausgedacht hat sich die Konstruktion der Architekt Richard Johann Diedrich, durchgerechnet und im Windkanal als Modell getestet wurde sie von Heinz Brüninghoff von der TU München. Also: Ehre, wem Ehre gebührt – denn das Teil steht ja immer noch! Einzig ein paar Planken mussten zwischenzeitlich wegen Pilzbefalls ausgetauscht werden, im Notfall könnte die Brücke sogar von Autos befahren werden. Vor Ort ist sie aufgrund ihrer Gestalt als Tatzelwurm bekannt geworden – ein schlangenähnliches, drachenartiges Fabelwesen, dass sich ebenso windet wie die Brücke. »Essinger Holzbrücke« klingt eigentlich auch viel zu nüchtern für eine so beschwingte Konstruktion …

Essinger Holzbrücke Tatzelwurm, 93343 Essing, www.naturpark-altmuehltal.de/sehenswertes/holzbruecke_essing-267/

// Panoramaweg

Allein die Brücke zu überqueren macht Laune, ist aber vermutlich ein bisschen kurz für einen Spaziergang. Deshalb einfach auf der anderen Seite nach links dem Altmühltal-Panoramaweg um die Ecke zu den Klausenhöhlen folgen: menschliche Wohnstätten aus der Würm-Eiszeit!

#Unterirdisch

24 Salzbergwerk Berchtesgaden

Über Jahrhunderte kam das Salz aus den Alpen, musste dort mühsam abgebaut und dann über die sogenannten Salzwege in die Handelszentren transportiert werden. Salz war so wertvoll, dass es Steuern gab, Handelsprivilegien und Zölle – von »weißem Gold« war damals die Rede. Einen einmaligen Einblick unter Tage gewinnt man in Bad Reichenhall: Das Salzbergwerk wird seit 500 Jahren ununterbrochen betrieben und noch heute wird dort Salz abgebaut. Dennoch ist eine Reise durch stillgelegte Stollen möglich: Eingefahren wird mit der Grubenbahn bis zur sogenannten Salzkathedrale, tiefer und zum nächsten Sinkwerk geht es auf der Bergmannsrutsche. Die zweite Rutschpartie bringt die Besucher zum tiefsten Punkt der Rundtour, zum Spiegelsee 130 Meter unter Tage. Inzwischen ist die Temperatur auf zwölf Grad gesunken, und zwar unabhängig von den Jahreszeiten der Oberwelt.

Salzbergwerk Berchtesgaden, Salzburger Straße 24, 83471 Berchtesgaden, www.salzbergwerk.de

// Kombination

Die Alte Saline Bad Reichenhalls führt ebenfalls hinunter in ein historisches Stollensystem, dieses ganz in Stein ausgekleidet. Für den Besuch beider Bergwerke gibt es ein Kombiticket.

Es geht bergab, und zwar in einem Rutsch!

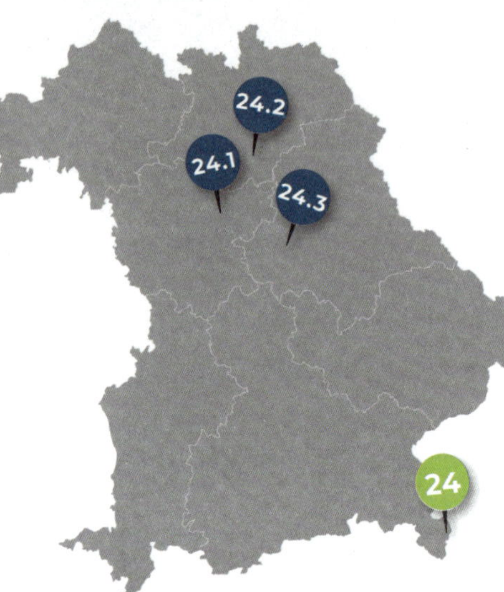

1 Felsengänge Nürnberg

Nürnberg ist auf Sandstein erbaut, ein Material, das sich leicht bearbeiten lässt. Auch deshalb sieht es unterhalb der Altstadt aus wie in einem Schweizer Käselaib: Gänge, Keller und Gewölbe, wohin man schaut. 25 000 Quadratmeter soll das Labyrinth insgesamt groß sein, wobei die Stollen unterschiedlichen Zwecken dienten. Zu den frühesten gehören die Bierkeller, denn jede Brauerei war seit Anfang des 14. Jahrhunderts verpflichtet, einen anzulegen. Bei über 40 Brauhäusern kam da einiges zusammen, wobei Anlage und Bau der Keller streng überwacht wurden, damit es nicht zu Einstürzen kommen konnte. Dazu gesellen sich Wasserkanäle, das Lochgefängnis an der Nürnberger Burg, Verteidigungsgänge und bis ins 17. Jahrhundert geheim gehaltene Verbindungsstollen unter der

Die Stadt unter der Stadt

Burg und im Sebalder Teil der Altstadt. Zugänglich ist zum Beispiel der sogenannte Kunstbunker, ein mittelalterliches Felsengewölbe, in dem während der Bombenangriffe des Zweiten Weltkriegs Kunstschätze eingelagert und dadurch gerettet wurden. Auch die Felsengänge unterhalb der Burg sind durch Führungen erschlossen, ebenso das Lochgefängnis und der Lochwasserkanal.

Historischer Kunstbunker, Obere Schmiedgasse 52, 90403 Nürnberg, www.felsengaenge-nuernberg.de

// Unterirdisches Bier

Nicht im Felsenkeller, aber immerhin im historischen Gewölbe tischt die Brauerei Tucher traditionelle Nürnberger Biersorten auf, und zwar am Hallplatz in der südlichen Altstadt. Zwei Biere werden nach wie vor hier gebraut.

Ganz Nürnberg, nicht nur die Burg, ist auf Sandstein gebaut.

2 Teufelshöhle Pottenstein

Die Teufelshöhle Pottenstein ist natürlichen Ursprungs, wenngleich die Legende da leicht anderer Meinung ist: Teufelsloch wurde die Karsthöhle ursprünglich genannt und mit einem Zugang zur Unterwelt fest gerechnet. Die größte Höhle der Fränkischen Schweiz ist aber das Werk des Wassers, welches das Kalkgestein über Millionen Jahre hinweg ausgeschwemmt hatte, bevor schließlich der Wasserspiegel sank. Kalk ist es auch, der sich in Form von Stalaktiten und Stalagmiten wieder abgelagert hat. 1922 wurde die Höhle erstmals erschlossen und dabei entdeckt, dass man es mit einem ganzen Höhlensystem zu tun hatte, das sich auf drei Stockwerken ausbreitet. 1931 wiederum konnten erste Besucher sicher bis zum sogenannten Barbarossadom geleitet werden – der Name stammt von einem rötlichen, bartähnlichen Tropfsteingebilde. Heute gelangt man noch weiter ins Berginnere und kann in der Bärenhöhle die Knochen von nicht weniger als 80 Höhlenbären bestaunen – und ein nachgebautes komplettes Skelett eines besonders großen Exemplars!

Teufelshöhle, an der B470, 91278 Pottenstein, www.pottenstein.de/startseite-teufelshoehle

// Action

Schräg gegenüber der Höhle lädt der sogenannte Erlebnisfelsen in einen Hochseilgarten und zum Sommerrodeln ein – inklusive eines Skywalks mit Blick über die Fränkische Schweiz.

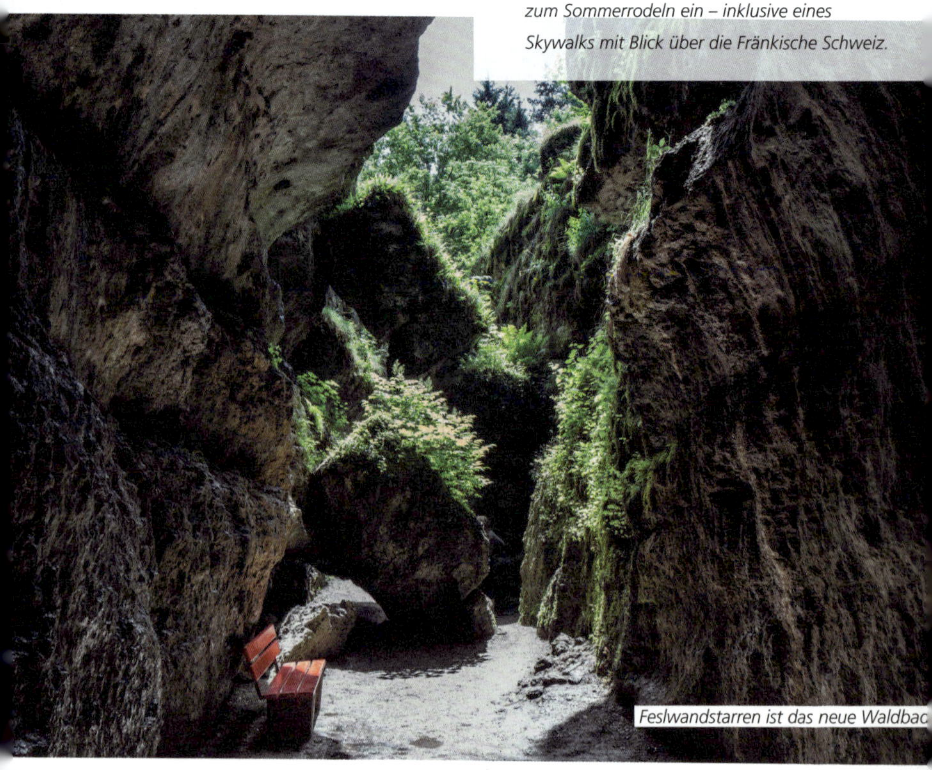

Feslwandstarren ist das neue Waldbac

Bitte Kopf einziehen!

3 König-Otto-Tropfsteinhöhle

Einem Schäfer ist die Entdeckung dieser Karsthöhle bei Velburg geschuldet. Der hatte einen Fuchs beobachtet und aus den Augen verloren, spürte der Fährte nach, hob eine Steinplatte an und fand sich in einer weitläufigen Höhle wieder. Dies geschah am 30. September 1895, was der Geburtstag des Bayernkönigs Otto ist – daher also die Namensgebung. Ohne Licht aber mochte der Schäfer der Sache nicht auf den Grund gehen, das übernahmen andere und staunten nicht schlecht. Schon ein Jahr später wurde die König-Otto-Tropfsteinhöhle zugänglich gemacht – nicht nur weil Schauhöhlen gerade schwer in Mode waren, sondern aufgrund ihrer besonderen Schönheit: Eine Armada an Ablagerungen, Säulen, Tropfsteinen zeigt sich in absonderlichsten Gebilden, ganze Vorhänge aus sogenannten Sinterformationen hängen von den Wänden. Fast 300 Meter weit kommt man hinein, durchschreitet den großzügigen Königssaal und landet in der Niederwaldgrotte, die doch etwas drückend wirkt. Ein Gang führt einen in die erst 1972 entdeckte Adventshalle, wo man beim Anblick all der Fülle versteht, warum von der schönsten Höhle Deutschlands die Rede ist.

König-Otto-Tropfsteinhöhle, St. Colomann 11, 92355 Velburg, www.erlebniswelt-velburg.de/tropfsteinhöhle.html

// Kühles Nass

Altenveldorf südlich von Velburg hat einen künstlich angelegten Badesee mit Kiosk, Umkleiden und allem, was man so braucht. Eintritt kostet das allerdings auch.

25 Skywalk Allgäu

Scheidegg liegt schon hoch über dem Bodensee, Oberschwenden aber nochmal höher, und der Naturerlebnispark bereits auf 1000 Metern. Weitere 40 Meter setzt der Aussichtsturm des Skywalks drauf, sodass man dem Himmel wirklich nahe ist. Der Turm ist nur der hervorstechendste Teil des Baumwipfel-Rundwegs: Über einen halben Kilometer geht es auf Hängebrücken in luftiger Höhe durch die Bäume, und zwar ganz leicht schwankend auf, um genau zu sein, 25 Metern über dem Boden – das ist ungefähr acht Stockwerke hoch! Gut gesichert und sogar barrierefrei ist der gesamte Weg trotzdem und damit für absolut alle geeignet. Das Areal nennt sich nicht umsonst Naturerlebnispark, denn auch auf Bodenhöhe führen Wege in den Hochwald, bieten Abwechslung und Erläuterung. Ergänzt wird das Ganze durch Streichelzoo, Spielplätze und Gastronomie, sodass man gut und gerne einen ganzen Tag auf dem Gelände verweilen kann.

Naturerlebnispark Skywalk Allgäu, Oberschwenden 25, 88175 Scheidegg, www.skywalk-allgaeu.de

// Höhenweg

Nicht auf Höhe der Wipfel, aber dennoch weit oben verläuft direkt vom Areal des Skywalks ein Wanderpfad hinüber zum Pfänder oberhalb von Bregenz. Gut neun Kilometer, kaum Steigung, dann runter mit der Pfänderbahn.

Ein wahrer Freizeitpark mit Himmelsleiter

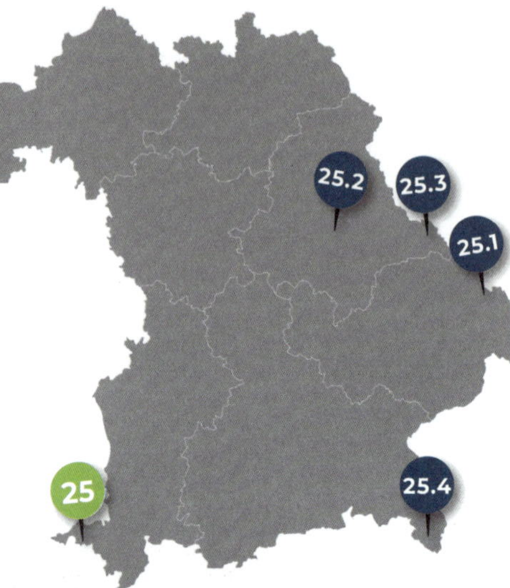

1 Baumwipfelpfad Neuschönau

Über einen Kilometer weit führt der Neuschönauer Baumwipfelpfad als Rundweg durch die Natur und zum sogenannten Baum-Ei: ein 44 Meter hoher Aussichtsturm mit spiralförmigem Aufgang. Die Bezeichnung ist jedoch ein Understatement, die offene Konstruktion wirkt mehr wie eine Baumkathedrale, wie sie in den Bergmischwald hinein- und um die Bäume herumgebaut wurde. Man spart hier mit weiteren Attraktionen, weshalb den Baumwipfeln wirklich die Hauptrolle zukommt. Wir befinden uns ganz am Rande des Nationalparks Bayerischer Wald, und das Besucherzentrum liegt um die Ecke. Dem Pfad geht es weniger um Unterhaltung und mehr um Andacht, um eine Art Einkehr: Die Natur Natur sein zu lassen, so lautet das offizielle Motto des Nationalparks. Informiert wird natürlich trotzdem, und zwar im Hans-Eisenmann-Haus, besagtem Besucherzentrum: Der Ausstellungsbereich verfügt neben Infothek und einem eigenen Kino auch über eine spezielle Abteilung für Kinder. Baumarten, Fauna und Gesteinsformationen der Gegend werden im Außenbereich erläutert, in den sogenannten Freigeländen. Einkehr ist auf den beiden Terrassen der Cafeteria möglich.

Baumwipfelpfad Neuschönau, Böhmstraße 43, 94556 Neuschönau, www.baumwipfelpfade.de/bayerischer-wald/

Über den Bäumen muss die Freiheit wohl grenzenlos sein.

// Eigene Wege

Verschiedene ausgeschilderte Wege führen vom Baumwipfelweg und dem Nationalparkzentrum direkt in den Wald. Man kann sich also auch seinen eigenen Pfad suchen und z. B. eine Runde durch den Schönbrunner Wald drehen.

2 Erlebnisholzkugel Steinberg am See

Bei Steinberg geht es einerseits über die Wipfel hinaus, andererseits überblickt man nicht nur den Steinberger See, sondern auch den angrenzenden Knappensee. Beide gehen sie aus dem Braunkohleabbau hervor, sind aber geflutet und rekultiviert worden – vom Bergbau ist nichts mehr zu ahnen. Der Steinberger See wurde samt Badestellen und Spazierwegen zu einem regelrechten Freizeitpark umgestaltet – das Unterhaltungsangebot reicht von Adventuregolf über Wasserski bis hin zu einem Streichelzoo mit Alpakas. Den Erfolg der Region, die inzwischen als Oberpfälzer Seenlandschaft firmiert, schreiben die *locals* jedoch der Erlebnisholzkugel zu – jenem weithin sichtbaren Turmmonument, das einem Ufo gleich direkt am Seeufer geparkt wurde. Dass Spaß hier im Vordergrund steht, sieht man schon an der 80 Meter langen Rutsche, auf der man von der Aussichtsplattform wieder hinunterkommt – wenn man will! Zwei Hängebrücken und die sogenannten Bewegungsstationen komplettieren den Parcours. Übrigens hat der Kugelturm auch im Winter offen und erstrahlt ab Ende November als »größte begehbare Weihnachtskugel der Welt«.

Erlebnisholzkugel, In der Oder 7, 92449 Steinberg am See, www.dieholzkugel.de

Die Kugel ist zum Highlight am Steinberger See und damit zum Anziehungspunkt avanciert.

// Mehr Wissen

Mehr zur Geschichte der Gegend und zur Rolle des Kohleabbaus erzählt das Braunkohle- und Heimatmuseum in Steinberg.

3 Sektor F Hohenbogen

Der etwas kryptische Name dieses Aussichtspunkts ist schnell erklärt: Noch bis 2003 wurde das Hochplateau des Hohenbogens im Bayerischen Wald als Kaserne der Bundeswehr genutzt und hieß »Fernmeldesektor F«. Die zugehörige Lauschstation gab man schon zu Ende des Kalten Krieges auf, der Abhörturm blieb jedoch bestehen. Heute ist auf dem Areal ein gemeinnütziger Verein tätig, der die gesamte Anlage schrittweise zugänglich machen will. Schon eingerichtet ist eine Außentreppe: den Abhörturm hinauf zu einer Aussichtsplattform. Von dort ergibt sich ein wahrlich grandioser Rundumblick über den Bayerischen und Böhmischen Wald, also über ein »grenzenloses Europa«, wie der Verein schreibt. Grenzenlos zeigen sich in jedem Fall der Hochwald und das Bergland: Der Hohenbogen selbst überragt mit 1079 Metern schon deutlich seine Umgebung, aber vom Turm aus liegen einem sämtliche Wipfel nun wirklich zu Füßen. In naher Zukunft soll auch das Innere des Abhörturms samt Atombunker für die Allgemeinheit geöffnet werden.

sektor.f, Schwarzriegelweg 1–6, 93485 Rimbach, www.sektor-f.de

// Auftanken

E-Biker aufgepasst: Oben gibt es Ladestationen! Das heißt, man kann den Eco-Modus getrost verlassen, wenn es auf den acht Kilometern von Rimbach hinauf etwas steiler wird.

Der Ferne lässt sich lausche

Hochwassersicher über den Klausbach

4 Klausbachtaler Hängebrücke

Der Klausbach wurde ursprünglich von einer Holzbrücke überspannt, die jedoch Jahr für Jahr vom Hochwasser stark beschädigt wurde. Ein massiver Felssturz begrub 1999 die alte Brücke unwiderruflich und zwang den Bach in ein neues Bett. Die Brücke aber ist ein unentbehrliches Teilstück auf dem Wanderweg von der Nationalpark-Infostelle in Hintersee bis zum Hirschbichl am Talschluss – also wurde neu geplant und nachgedacht: Seit 2010 lässt sich der Talgrund auf einer Hängebrücke überqueren. Und zwar in luftigen elf Metern Höhe. Über allen Wipfeln wandert man dabei natürlich nicht, aber zumindest über einigen, denn schließlich ist man von Bergwald umgeben. Dabei genießt man schönstes Panorama zu beiden Seiten des Klausbachtals und sieht auch die Folgen des Felssturzes noch. Schwindelfrei muss man nicht sein – die Brücke ist aus Stahl und mit Geländer gesichert. Das Klausbachtal ist durch eine Teerstraße erschlossen, die allerdings nur den Anliegern und dem ÖPNV dient: Während des Sommers bringt einen der Alpen-Erlebnis-Bus unmittelbar an die Brücke, von dort bis zum Alpengasthof Hirschbichl ist es ein Katzensprung (3,5 Kilometer, 260 Höhenmeter).

Klausbachtaler Hängebrücke,
83486 Hintersee, Ramsau bei Berchtesgaden,
www.nationalpark-berchtesgaden.bayern.de/infostellen/einrichtungen/haengebruecke

// Vogelperspektive

Das Klausbachtal wird auch Tal der Adler genannt, und das hat Gründe: Von der Beobachtungsstation (nur 20 Minuten von der Infostelle Hintersee entfernt) ist die Chance, Steinadler in ihrem Revier zu beobachten, am größten!

*Mal mehr, mal weniger Wasser,
aber immer berauschend: der Lechfall.*

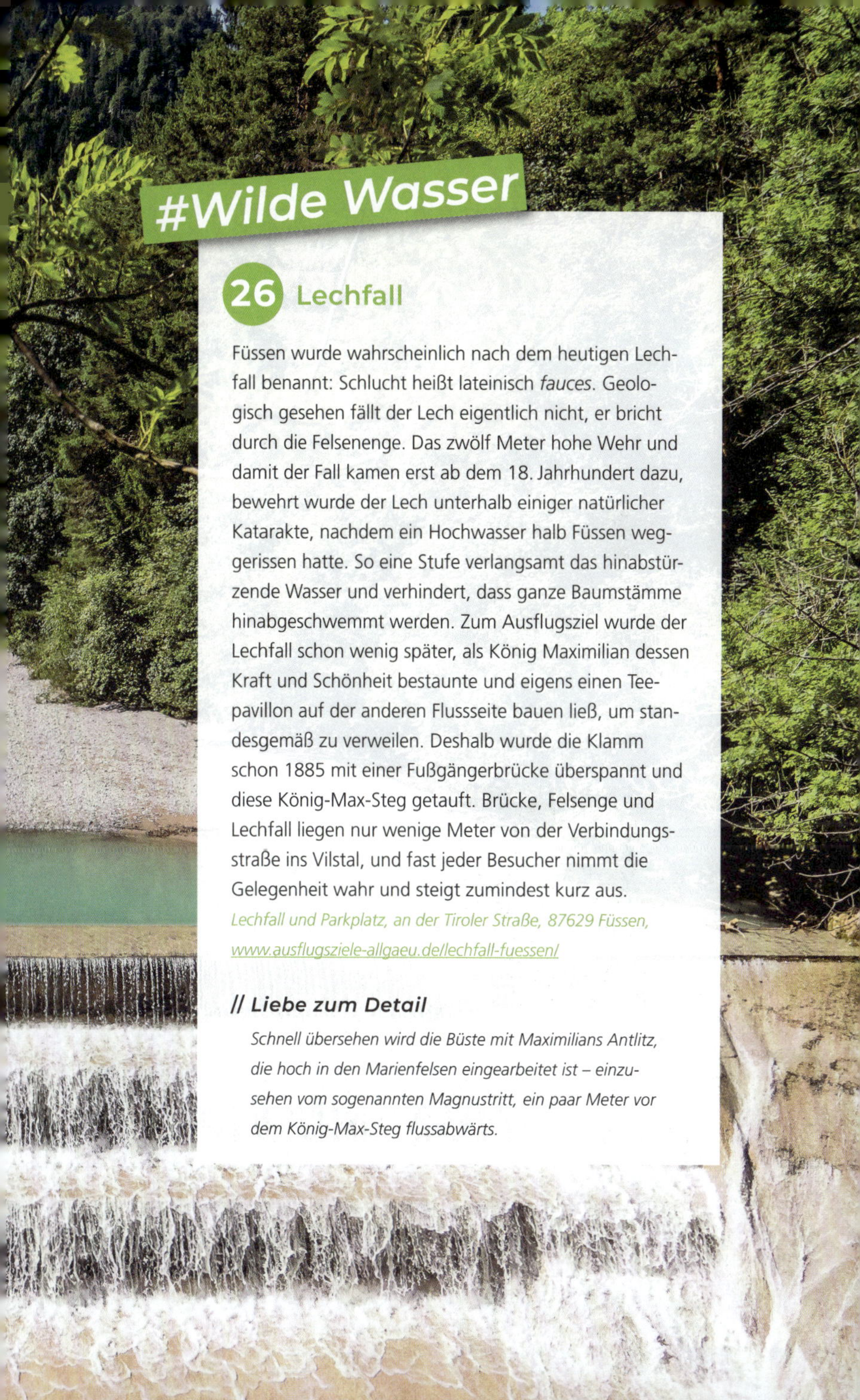

#Wilde Wasser

26 Lechfall

Füssen wurde wahrscheinlich nach dem heutigen Lechfall benannt: Schlucht heißt lateinisch *fauces*. Geologisch gesehen fällt der Lech eigentlich nicht, er bricht durch die Felsenenge. Das zwölf Meter hohe Wehr und damit der Fall kamen erst ab dem 18. Jahrhundert dazu, bewehrt wurde der Lech unterhalb einiger natürlicher Katarakte, nachdem ein Hochwasser halb Füssen weggerissen hatte. So eine Stufe verlangsamt das hinabstürzende Wasser und verhindert, dass ganze Baumstämme hinabgeschwemmt werden. Zum Ausflugsziel wurde der Lechfall schon wenig später, als König Maximilian dessen Kraft und Schönheit bestaunte und eigens einen Teepavillon auf der anderen Flussseite bauen ließ, um standesgemäß zu verweilen. Deshalb wurde die Klamm schon 1885 mit einer Fußgängerbrücke überspannt und diese König-Max-Steg getauft. Brücke, Felsenge und Lechfall liegen nur wenige Meter von der Verbindungsstraße ins Vilstal, und fast jeder Besucher nimmt die Gelegenheit wahr und steigt zumindest kurz aus.

Lechfall und Parkplatz, an der Tiroler Straße, 87629 Füssen, www.ausflugsziele-allgaeu.de/lechfall-fuessen/

// Liebe zum Detail

Schnell übersehen wird die Büste mit Maximilians Antlitz, die hoch in den Marienfelsen eingearbeitet ist – einzusehen vom sogenannten Magnustritt, ein paar Meter vor dem König-Max-Steg flussabwärts.

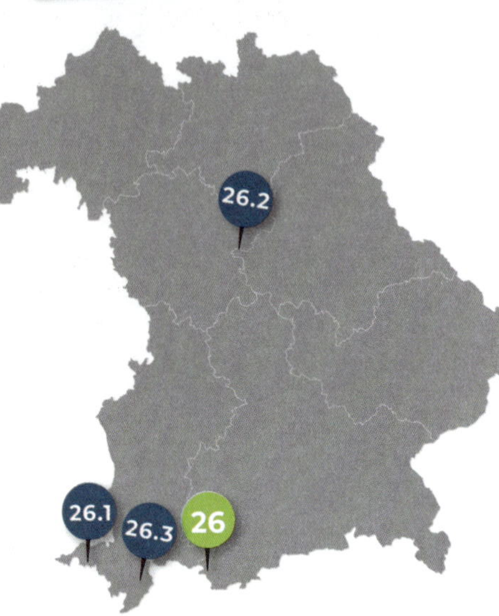

1 Hausbachklamm

Es geht im Dorfkern Weiler so gemütlich los, dass man dem Bach seine Wildheit erst gar nicht abnimmt. Aber binnen weniger Kilometer verengt sich das Bett, die Klamm wird tiefer und wilder: Trotz der zahlreichen Wehre eher keine gute Idee, hier bei schlechtem Wetter aufwärts zu steigen. Wiederholt war der Bach zu einem donnergrollenden Ungetüm angeschwollen, das Bäume entwurzelte und ganze Steinbrocken in den Ortskern schwemmte, dort Häuser zum Einsturz brachte, bevor konsequent Wehre verbaut wurden. Die sogenannten Hausbachanlagen, also die Wege, Brücken und Stege, welche heute die Klamm erschließen, wurden von den Anwohnern ab etwa 1900 hinzugefügt und müssen fast jedes Jahr erneuert werden. Zuletzt lag der Weg 2020 in Trümmern, als heftige Stürme und Schneefälle reihenweise Bäume zum Umknicken brachten, die nicht nur Brücken zerstörten, sondern die Passage völlig unmöglich machen. Im Moment ist die Klamm

Je höher man steigt, umso wilder wirkt die Hausbachklamm.

passierbar, die Wege sind gesichert und markiert – aber man sollte sich mit dem Besuch beeilen, wer weiß?

Hausbachklamm, 88171 Weiler,
www.hausbachklamm.de

// Am Wegrand

Kurz bevor die Klamm enger wird, geht es rechter Hand in knapp 100 Metern zur Pestkapelle hinauf – dem Heiligen Sebastian geweiht und nach dem Dreißigjährigen Krieg erbaut.

Ausgewaschener Sandstein zeugt von der Macht des Wassers.

2 Schwarzachklamm

Eine Klamm, dort, wo sie keiner vermutet: Nicht am Alpenrand, nicht in den Voralpen, sondern vor den Toren Nürnbergs! Ein sogenanntes Geotop, also eine geologische Besonderheit, und schon seit 1936 unter Naturschutz – allerdings scheinen fast nur Nürnberger um das kleine Wandergebiet mit dem Weg durch die Schlucht zu wissen – unter der Woche hört man jedenfalls nur Fränkisch. Wer mit der S-Bahn über Ochenbruck anreist, muss zudem erstmal suchen, die Beschilderung hat man sich für die Schlucht selbst aufgehoben. Wie es die kleine Schwarzach schaffte, sich durch Felsen zu fräsen und das Sandgestein zu Überhängen und Höhlen auszuspülen, lernt man auf dem kurzen geologischen Lehrpfad – und staunt nicht schlecht, wenn man erfährt, dass eine Richtungsentscheidung des Mains vor ungefähr 1,5 Millionen Jahren daran beteiligt war. Die größte Höhle ist begehbar und trägt den Namen Gustav Adolfs – der schwedische König soll hier einer Andacht beigewohnt haben.

Heute ist sie auch, wie es scheint, das abendliche Ziel der örtlichen Jugend. Der Wanderweg endet am Brückkanal – eine historische Kanalbrücke, die für sich alleine genommen den Ausflug wert ist, denn die inzwischen gebändigte Schwarzach überquert dort den Ludwigskanal. *Schwarzachklamm, Am Brückkanal 3, 90537 Schwarzenbruck*

// Klein aber fein

Mit der Teufelskirche, unweit der Schwarzachklamm bei Altdorf, ist eine geologisch ähnliche, wenngleich kürzere Schlucht gemeint – auch diese ist über Wanderpfade erschlossen.

3 Hirschbachtobel

Tobel ist eigentlich nur ein anderes Wort für Klamm und im Alpenraum gebräuchlich: Gemeint ist die schluchtartige Vertiefung, die sich ein Fließgewässer gegraben hat. Wobei eine Klamm meist etwas mehr Grandezza hat, ein Tobel hingegen von einem kleineren Gewässer geschaffen wird und nicht so mächtig ausfällt. Im vorliegenden Fall handelt es sich um den Hirschbach oberhalb von Bad Hindelang. Der Unterschied zu den beiden größeren Geschwistern Breitachklamm und Starzlachklamm aber liegt auch darin, dass zur Erschließung des Hirschbachtobel bei Weitem nicht so viel Material in die Hand genommen wurde: auf Naturwegen, über Gestein und Wurzeln geht es bergan, nur die wichtigsten Stellen sind mit Stahlseilen einigermaßen gesichert. Mal stürzt der Bach, dann wieder haben sich Pools gebildet, mal weitet sich die Schlucht ein wenig, dann wieder wird es ganz eng und man muss ein paar kleinere Stufen überwinden. Wenn der Alpenverein schon eingangs vor »alpiner Gefahr« warnt, meint er jedoch nur den obersten Abschnitt und den Steig hinüber zur Hirschalpe. Stattdessen kann man sich aber nach links wenden und gemütlich über den Kellerwandweg und die Luitpoldhöhe zurück ins Tal gehen. *Hirschbachtobel, Einstieg über Jochstraße, 87541 Bad Hindelang, www.ausflugsziele-allgaeu.de/hirschbachtobel/*

// Zustieg

Der Weg lässt sich zu einer kleinen Rundwanderung ausbauen, indem man von Bad Hindelang erst Richtung Hintersteiner Tal wandert, um am Taleingang über den Vaterlandsweg auf halber Höhe hinüberzuwandern. Unterwegs den Schleierfall nicht verpassen!

Je weiter oben, umso wilder!

#Märchenschloss

27 Neuschwanstein

Das Traumziel in Bayern schlechthin und ein Muss auf der Bucket List: Schloss Neuschwanstein! 1,5 Millionen Besucher jährlich können nicht irren! Ein richtiges Märchenschloss ist es schon deswegen, weil es vollständig der Fantasie seines Bauherrn entstammt. König Ludwig II. (auch als »Kini« bekannt) ließ Neuschwanstein ab 1869 auf den Ruinen einer Ritterburg neu errichten – Annehmlichkeiten wie Zentralheizung und Warmwasser inklusive. Die Kosten liefen dermaßen aus dem Ruder, dass sich der bayerische Staat nicht anders zu helfen wusste, als den König 1886 zu entmündigen und alle weitere Bautätigkeit zu stoppen. Neuschwanstein ist in seiner heutigen Gestalt also unvollendet, ein ganzer Turm fehlt. Das Schloss hätte zudem lediglich als Rückzugsort seiner Majestät dienen sollen, der gegenüber auf Schloss Hohenschwangau aufgewachsen ist. Inzwischen ist es etwas belebter: 6000 Touristen suchen täglich die königlichen Gemächer heim.

87645 Hohenschwangau, www.neuschwanstein.de

// Tipp

Wie bei jeder erstklassigen Immobilie liegt der Reiz Neuschwansteins in der Lage. Und die lässt sich von außen am besten erfahren. Zum Beispiel auf dem Rundweg um den Alpsee.

Einst Rückzugsort, heute Ikone und Touristenmagnet: Ludwigs Neubau von 1869.

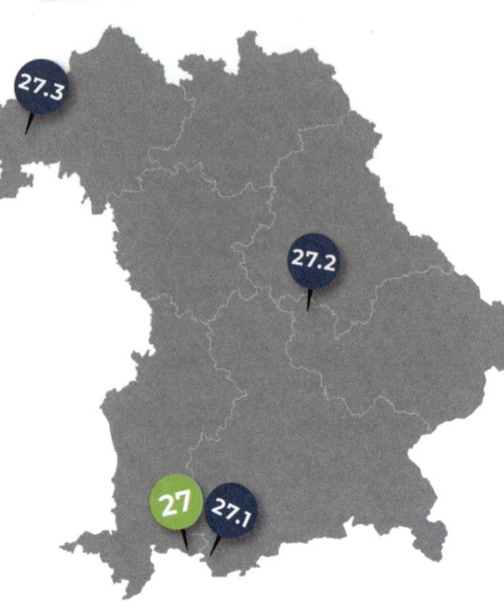

1 Hohes Schloss

Füssens Hohes Schloss liegt nur fünf Kilometer von Neuschwanstein entfernt, mitten im Ortskern. Obwohl es sich um ein spätgotisches Original handelt, den Sommersitz der Augsburger Bischöfe nämlich, wird es weitgehend links liegen gelassen. Zu Unrecht, denn märchenhaft wirkt es schon wegen Wehrgang, Uhr-, Fall-, und Torturm. Der Hof ist mit landestypischen Illusionsmalereien geschmückt, ganze Erker wurden im sogenannten Lüftlstil auf den Südflügel gepinselt, und der Rittersaal steht mit seiner geschnitzten Kassettendecke den Prunksälen von Ludwig II. in nichts nach. Das spätgotische Mauerwerk wirkt vergleichsweise wuchtig und diente einem strategischen Zweck: der Verteidigung Füssens gegen die Tiroler Grafen. Heute beherbergt das Hohe Schloss sowohl eine Dependance der Bayerischen Staatsgemäldesammlungen als auch die Städtische Gemäldesammlung, sodass die opulenten Innenräume für ein sehr moderates Entgelt zugänglich sind.

Magnusplatz 10, 87629 Füssen, www.fuessen.de/kultur/romantische-altstadt/dashoheschloss.html

// Ausblick

Unbedingt auf den Torturm steigen: Phänomenaler Blick über die Dächer Füssens aus dem sechsten Stockwerk!

Das Hohe Schloss überragt Füssens Altstadt.

2 Burg Prunn

Von unten traut man seinen Augen kaum, wie im Märchen thront Burg Prunn hoch über der Altmühl auf einem Kalkfelsen – so, als sei sie dort eines schönen Tages einfach einmal gelandet. Urkundlich erwähnt wurde die Wehranlage schon 1037, später schrittweise um- und ausgebaut und schließlich der Wohnlichkeit wegen zum Schloss ausgestaltet und um zahlreiche Gemächer erweitert. Ein Schloss dient Wohn- und Repräsentationszwecken, bei einer Burg aber steht Wehrhaftigkeit im Vordergrund. Burg Prunn vereint beides in ein und demselben Bau: Die Räumlichkeiten sind repräsentativ, die hohen Mauern aber eins mit dem Fels. Mauern und Fels bilden eine einzige senkrecht abfallende Wand. Die Burg wirkt uneinnehmbar. So kommt es gelegen, dass die verbliebenen Burgwächter von der Bayerischen Schlösserverwaltung gestellt werden und nur dann Wegzoll verlangen, wenn man ins Burginnere will. Der Weg in den Hof und damit zur schwindelerregenden Aussicht ins Altmühltal ist frei. Wer bislang glaubte, in einem Schloss zu wohnen sei erstrebenswert, der wird es sich auf Burg Prunn nochmal gut überlegen. Nicht trotz, sondern wegen des Ausblicks! *Schloss Prunn 1, 93339 Riedenburg, www.naturpark-altmuehltal.de/sehenswertes/burg_prunn-626/*

Spektakulär auf einem Felssporn sitzt Burg Prunn.

// Shortcut

Nicht von Prunn, sondern von Nußhausen hat man den spektakulärsten Blick hoch zur Burg. Von dort führt auch ein schmaler Pfad direkt nach oben, sodass man sich den Umweg zum offiziellen Parkplatz sparen kann.

3 Schloss Mespelbrunn

Schloss Mespelbrunn liegt abseits aller Verkehrswege auf einem strategisch recht unbedeutenden Fleckchen Erde im Spessart. Oder vielmehr steht es im Wasser – genauer: in einem Nebental eines Nebenflusses des Mains. Die märchenhafte Anmutung ist nur zum Teil dem künstlichen Teich ums Wasserschloss geschuldet. Sie liegt auch an der idyllischen Umgebung und dem Umstand, dass man zur Zeit der Romantik das Geviert der Mauern geöffnet und damit Wehrhaftigkeit dem Durchblick geopfert hat. Resultat ist der sogenannte Schwibbogen am Westflügel, unter dem flache Stiegen zu einer Art kleinem Hafenbecken führen. Weil so abgelegen, blieb Mespelbrunn all die Jahrhunderte und Kriege über ohne Schaden und in den Händen derselben Adelsfamilie. Diese wohnt immer noch auf dem Schloss, hat sich jedoch in den Südflügel zurückgezogen und unlängst sogar den Park für die Öffentlichkeit freigegeben. Nordflügel, Rittersaal und Kapelle können ebenfalls in Augenschein genommen werden, allerdings nur vom Frühjahr bis in den späten Herbst.

Schloßhof 2, 63875 Mespelbrunn,
www.schloss-mespelbrunn.de

// Vespern

Unbedingt das schlosseigene Café im ehemaligen Pferdestall besuchen. Nicht nur wegen der Aussicht auf das Schloss, sondern auch wegen den hausgemachten Kuchen und der Wildschweinbratwurst aus eigener Jagd.

Wie der Franke sagen würde:
»Fei nedd schlecht!«

Diese Sonnenblume ist privat und nicht Teil der offiziellen Rabatten – sie steht in einem Vorgarten

#Blütenpracht

28 Lindau

Wo einst ein Trampelpfad am Wasser entlangführte, erstreckt sich jetzt eine Promenade unter Bäumen, Teile des Parkplatzes wurden zum Bürgerpark, der Zugang zum See wurde geöffnet, Stufen laden zum Aufenthalt am Ufer und sogar zum Baden ein. Im Rahmen der Landesgartenschau 2021 wurde Lindaus sogenannte Hintere Insel – das gesamte Areal jenseits von Altstadt und Schienenstrang – rundum neu gestaltet: Vom Hafen aus geht der Weg immer rechtsherum, von der Leuchtturmmole über den alten Pulverturm bis zum Luitpoldpark und zum Bahndamm. Noch Ende August blüht es üppig in den Rabatten am Schützingerweg – dass keine Zierpflanzen, sondern eine Mischung wuchernder Wildblumen ausgesät wurden, ist eines der Anzeichen für die umfassende Neugestaltung. Monotone Rasenflächen sind Vergangenheit, im Luitpoldpark blüht im Frühling die gesamte Wiese genauso auf wie die Blumenbeete, Stauden und Sträucher.

88131 Lindau (Insel), www.lindau2021.de

// Hobbygärtnern

Einst Schrebergarten-Hobby, jetzt jährliche Blumenschau: Zwischen Lindau-Reutin und Streitelsfingen erblüht jedes Jahr ab Mitte August der Dahliengarten – mit über 700 Sorten!

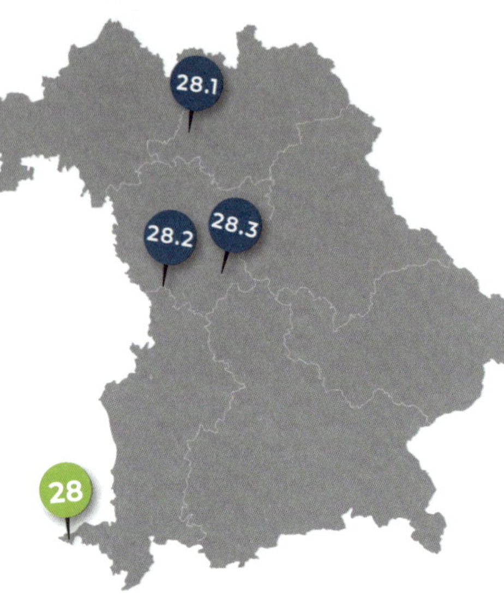

1 ERBA-Insel Bamberg

Frühling beginnt in Bamberg, wenn der Kirschhain auf der ERBA-Insel zu blühen beginnt – also noch im April, und damit bevor die Bäume richtig ausschlagen und das gesamte Gelände nördlich der Altstadt ergrünt. Ursprünglich war die ERBA-Insel eine Industrieansiedlung zwischen beiden Armen der Regnitz – der Name entstammt der Fusion der Erlanger mit der Bamberger Baumwollspinnerei. Genau genommen bezieht sich ERBA-Insel nur auf die Inselspitze. Lange lag das Gelände nach dem Niedergang der Textilindustrie brach, bis mit der Gartenschau 2010 große Teile in eine öffentliche Parkanlage umgestaltet wurden. Diese ist inzwischen gewissermaßen erwachsen geworden, hat sich in verschiedene Bereiche ausdifferenziert und bei der Bevölkerung etabliert: Wasserspielplatz, Freiflächen und Bienengarten wechseln sich mit umsichtig angelegten Beeten ab, es blüht auch dann noch an allen Ecken, wenn das Bamberger Kirschblüten-Hanami schon längst vorüber ist. An der äußersten Inselspitze, also hinter der Kleingartenkolonie,

An der Gartenkunst unweit der Altstadt erfreut sich ganz Bamberg.

ießen rechter und linker Regnitzarm zusammen, und schräg gegenüber kann man das Treiben im Bamberger Hafen und die Fährschiffe beobachten.

ERBA-Insel, An der Spinnerei 17, 96049 Bamberg, www.visitbamberg.com/poi/erba-insel

// Auch Spitze

Trotz oder gerade wegen der Lage am Fluss ist Bambergs Altstadt arm an Grünflächen. Man muss schon ein bisschen nach außerhalb, zum Beispiel in den Luisenhain, der die Südspitze der gleichen langgestreckten Flussinsel ausmacht.

Der Wörnitzpark ist neu angelegt und daher bienenfreundlich gestaltet.

2 Wörnitzpark, Wassertrüdingen

Es kommt nicht so häufig vor, dass ein Fluss verlegt wird, im fränkischen Wassertrüdingen war dies der Fall: Der Wörnitz wurde ein neues Bett geschaffen, ein Seitenarm, der als blaues Band die südliche Stadthälfte umarmt. Grund war einerseits der Hochwasserschutz, denn durch die Verlegung war es möglich, Dammbauten und Überlaufbecken in die Landschaft zu integrieren und weitgehend unsichtbar zu machen. Andererseits ging es um Renaturierung und darum, den Fischen eine Aufstiegshilfe zu schaffen. Aus all dem ging der Wörnitzpark hervor: ein Freizeitareal mit Spazierwegen und Picknickplätzen zwischen Stadt und neuem Flussarm – überblickbar von einem frei zugänglichen Info- und Aussichtsturm, der ins Wörnitztal schaut. Beete darf man die beiden quadratischen Pflanzungen unmittelbar nach dem offiziellen Eingang gar nicht nennen: Es sind eingefasste, leicht erhöhte kleine Blumenfelder, bunt und vielfältig und dabei so naturnah bepflanzt, dass die Blüte bis in den August andauert. Das Herzstück des Parks ist der kleine Mühlenweiher mit der ehemaligen Sägemühle, der von zwei Seiten zugänglich ist –

auf der einen treppenartige Sitzgelegenheiten, auf der anderen Schilfgras sowie kerzen- und kugelförmige Blütenpracht.

Wörnitzpark, 91717 Wassertrüdingen, www.wassertruedingen.de/gartenschaugelaende

// Wild Swimming

Wenige Hundert Meter vom Park entfernt, genau zwischen den beiden Flussarmen, findet man das Wörnitz-Flussbad: naturgefilterte und flusswassergespeiste Becken samt der Möglichkeit, zu einer Sandbank im Fluss zu gelangen.

Noch bevor die Bäume ausschlagen…

...erblüht der ganze Wald.

3 Märzenbecherwald

Hier ist Pünktlichkeit gefragt: Märzenbecher sind Frühblüher, und spätestens Anfang April ist Schluss mit Blütenpracht. Und die Knotenblume tritt immer gleich gehäuft auf, denn dort, wo sie sich wohlfühlt – schattige, feuchte Mischwälder –, verjüngt sie sich von selbst und bildet Tochterzwiebeln. Durch den Märzenbecherwald bei Ettenstatt in Mittelfranken verlaufen Geländer und begrenzen die Naturwege durch das Naturschutzgebiet, damit niemand die empfindlichen Blümchen zertritt. Der Boden im Laubhochwald ist moorig, und das lieben die Märzenbecher, weshalb sie sich im zeitigen Frühjahr zu Abertausenden ausbreiten – das allererste Grün, der erste Blütenteppich des jungen Jahres! Märchenwald heißt das Gelände mit Beinamen, weil solch üppige Pracht dann doch ans Unwahrscheinliche grenzt. Pflücken oder Ausgraben ist streng verboten, Märzenbecher sind geschützt und zwölf Hektar voll kommen einem kleinen Wunder gleich. Dieses hat sich in den letzten Jahren herumgesprochen, und an Sonnenwochenenden kann es daher schon einmal voller werden, insbesondere, weil es keinen größeren Parkplatz gibt. Deshalb lieber unter der Woche vorbeischauen und die Stille im Märchenwald genießen.

Märzenbecherwald, 91796 Ettenstatt, www.naturpark-altmuehltal.de/sehenswertes/maerzenbecherwald-2772/

// Wundern

Märchenwald trifft die Gegend ganz gut, weil drei Kilometer weiter bei Rohrbach noch ein Naturwunder den Wald durchzieht: die steinerne Rinne.

Pflichtmotiv: die Wallfahrtskirche St. Bartholomä

#Bergsee

29 Königsee

Kein Bayernbildband ist ohne Königsee komplett, häufig ziert gerade er das Cover. Zwischen den steil abfallenden Bergflanken des Nationalparks Berchtesgaden wirkt der See wie ein Fjord – und aufgrund des smaragdgrünen Wassers lässt sich so mancher zu der Aussage hinreißen, dies sei der schönste Bergsee der Welt! Widersprechen möchte man gar nicht, vor allem, wenn die Fähre lautlos durch das Bergpanorama gleitet: fast acht Kilometer lang über die Zwischenstation an der Wallfahrtskirche Sankt Bartholomä bis zur Anlegestelle der Saletalm. Die kleine Königseeflotte wird seit 1909 elektrisch betrieben, wobei es nicht um Umweltfreundlichkeit ging, das Wort war noch nicht erfunden: Der bayerische Prinzregent Luitpold hat das vielmehr so verfügt, damit kein Motorengeräusch das Rotwild aus seinem Jagdrevier vertrieb. Die Schiffe verkehren sogar im Winter, jedenfalls solange es die Witterung zulässt – der Königsee ist bis zu 190 Meter tief, friert also nicht so schnell zu.

Königssee, 83471 Schönau am Königssee, www.koenigssee.de

// Insta-Spot

Eine Alternative zur Bootsfahrt ist die Wanderung ab Schönau zum Aussichtspunkt Malerwinkel. Wobei heutzutage dort keiner mehr eine Staffelei stehen hat, stattdessen wird schnell fotografiert und umgehend gepostet.

Die Alternativen

1 Obersee

Der Obersee liegt direkt hinter dem Königssee, also noch weiter in den Bergen. Ein Bergsturz vor fast 1000 Jahren hat die ursprünglich zusammenhängenden Gewässer auseinandergerissen. Spiegelsee könnte der obere wegen der meist spiegelglatten Oberfläche auch heißen. Er wird nicht mehr befischt, und kein Boot stört das Bild. Das berühmte Fotomotiv mit dem hölzernen Bootshaus am Nordufer ist also ein Überbleibsel aus früheren Zeiten. Fahrstraße und Wanderparkplatz: Fehlanzeige! Der See ist nur zu Fuß zu erreichen, und wenn trotzdem zahlreiche Besucher hinüberfinden, dann wegen des Fährverkehrs auf dem Königsee: Von der Saletalm, also der letzten Anlegestelle, sind es nur zehn Minuten Fußweg bis zum Bootshaus, knapp vier Kilometer bis zum südöstlichen Ufer und der Fischunkelalm. Dort fischt man inzwischen Touristen und sorgt für deren leibliches Wohl. Es lohnt sich, auch wenn es etwas steiler wird, den Weg zuvor noch bis zum Talschluss zu verlängern. Dort stößt man auf den namensgebenden See: Der Fischunkelsee ist im direkten

Spiegelglatt zeigt sich der Obersee schon deswegen, weil dort keine Fähre mehr fährt.

Vergleich zwar nur ein Tümpel, Grandezza verleiht ihm jedoch der Röthbachfall direkt dahinter – mit einer Höhe von 470 Metern Deutschlands höchster Wasserfall! *Obersee, 83471 Schönau am Königssee, www.berchtesgaden.de/obersee/*

// Timing

Die erste Fähre verlässt Schönau während der Sommermonate schon um acht Uhr – das sollte man nutzen, denn früh am Vormittag hält sich der Andrang stark in Grenzen.

2 Alatsee

Von Bergen und Wald eingefasst wirkt der Alatsee wie nicht von dieser Welt. Oder sagen wir lieber: wie ein Rubin. Der Bergsee hat etwas Mystisches und Unheimliches, zahlreiche Legenden ranken sich um ihn – Blutsee wird er auch genannt, aber nicht wegen des Nazischatzes, den man lange auf seinem Grund vermutet hatte, und auch nicht wegen des Toten aus Kommissar Kluftingers drittem Fall »Seegrund«. Sondern weil das Wasser des Alatsees nur bis etwa 15 Meter Tiefe umgewälzt, also mit Sauerstoff versorgt wird. Darunter herrscht lebensfeindliches anaerobes Milieu. Nurmehr Purpur-Schwefelbakterien und Burgunderblutalgen können dort gedeihen – in manchen Jahren gerät die Algenblüte etwas außer Kontrolle, und dann färbt sich der gesamte See rötlich! Schwimmen ist aber trotzdem kein Problem, es gibt sogar eine kleine Badewiese am östlichen Ufer. Gegenüber kann es mitunter leicht unangenehm riechen, dort entwässert der Faulenbach den See und trägt schwefelhaltiges Wasser zum Lech hinunter. *Alatsee, 87629 Füssen, www.ausflugsziele-allgaeu.de/alatsee/*

Heute mal blau, bald schon rötlich: der sogenannte Blutsee

// Verlängerung

Der Alatsee ist vom Parkplatz aus schnell umwandert. Wer verlängern möchte, steigt zur Salober Alm hinauf. Die ist in einer halben Stunde erreicht und liegt schon in Tirol.

3 Rachelsee

Über 1000 Meter hoch liegt der Rachelsee und damit wesentlich höher als Königs-, Alat- oder Rießersee. Nichts außer der großartigen Natur des Bayerischen Waldes erwartet die Wanderer dort: keine Autos, keine Gastronomie, kein Garnichts! Der Baumbestand um den See gilt als Urwald, denn seit Einrichtung des Nationalparks Bayerischer Wald darf dort nicht mehr gefällt werden – ein Lehrpfad führt hindurch. Den See hat die letzte Eiszeit geschaffen, genauer: das Schmelzwasser des übergletscherten Großen Rachel, das von einer Endmoräne aufgestaut wurde. Das Idyll der eingezwängten, kesselartigen Lage zwischen Bergrücken, Moräne und dichtem Wald wird durch die ganz aus Holz errichtete Rachelkapelle knapp 150 Meter weiter oben noch bereichert. Über den Kapellenweg gelangt man hinauf und zu einem malerischen Ausblick auf den See sowie über große Teile des Nationalparks. Der Weg führt weiter auf den Kamm und schließlich bis zum Gipfel des Großen Rachel auf 1452 Metern.

Rachelsee, Nationalpark Bayerischer Wald, www.bayerischer-wald.de/attraktion/rachelsee-ein-relikt-der-eiszeit-9c2ace7452

// Ausgangspunkt

Zum Rachelsee muss man zu Fuß: am besten von der Racheldiensthütte bei St. Oswald aus. Vor acht Uhr darf man noch mit dem PKW anreisen, danach nur mit dem sogenannten Igelbus ab Spiegelau.

Hier kommt man nur zu Fuß h…

Zugspitzblick vom Rießersee

4 Rießersee

Nur einen Katzensprung von Garmisch-Partenkirchen entfernt und doch schon in einer anderen Welt: Der Rießersee wurde 1886 mitten im Wettersteingebirge von privater Hand künstlich angelegt. »See unter'm Katzenstein« hieß das Gewässer anfänglich, womit die heutige Kletterwand am westlichen Ufer gemeint ist. Der Rießersee ist nicht sehr tief und friert im Winter daher verlässlich zu, weshalb kein Jahrzehnt später der Bau eines Gasthauses folgte und der See für Wintersportler erschlossen wurde: Aus München brachte die Bahn Athleten und Wettkämpfer zum Schlittschuhlaufen oder Eisstockschießen. Unter anderem die Eislauf-Wettbewerbe der Olympischen Spiele 1936 fanden dort oben statt. Auch eine Bobbahn wurde an den Berghang gebaut, deren Zielkurve direkt zum Seeufer führt. Die als gefährlichste Bobabfahrt der Welt bekannt gewordene Anlage steht heute unter Denkmalschutz, im sogenannte Bobschuppen 500 Meter vom Seeufer ist ein kleines Museum beheimatet, das einen Einblick in die Sportgeschichte gewährt. Heute ist es vergleichsweise ruhig geworden, die Ausflügler kommen wegen der Ruhe und des Zugspitzblicks, sie wollen ent- und nicht beschleunigen.

Rießersee, Rieß 5, 82467 Garmisch-Partenkirchen, www.riessersee-hotel.de/geschichte

// Anlauf

Der Weg um den See ist kurz, sodass man schon in Garmisch starten kann: Der Rießerfußweg führt erst zu einem kleinen Wasserfall und dann im Zickzack hinauf.

#Bergbahn

30 Nebelhornbahn

Gäbe es die Nebelhornbahn nicht schon, man müsste sie glatt erfinden: Kein anderes Verkehrsmittel, auch die Busse nicht, befördert so viele Oberstdorfer Gäste derart schnell in die Höhe – sogar bis ganz zum Gipfel! Mehr noch: Die Bahn war maßgeblich am Aufstieg Oberstdorfs zur Touristendestination beteiligt. Die ersten beiden Sektionen zur Seealpe und zum Höfatsblick (damals noch Bergstation) wurden 1930 in Betrieb genommen – als längste Personenseilbahn der Welt! Der dritte Abschnitt bis zum Nebelhorngipfel kam erst 1991 dazu. Schrittweise wurde der Berg für Sommer- und Winteraktivitäten erschlossen, heute gehören zum Wandernetz solche Preziosen wie der Hindelanger Klettersteig und der schwindelerregende, aber der Allgemeinheit zugängliche Nordwandsteig sowie die barrierefreie Panoramapassage ab der Station Höfatsblick. Der Oberstdorfer Hausberg darf daher als eines der besterschlossenen Hochgebirgs-Wandergebiete überhaupt gelten, und einmal oben angekommen, fallen die Wege auch Anfängern nicht mehr schwer.

Nebelhornbahn, Nebelhornstraße 67C, 87561 Oberstdorf, www.ok-bergbahnen.com/bergbahnen/nebelhornbahn/

// On top

In Oberstdorf zu übernachten lohnt sich schon deswegen, weil zahlreiche Pensionen die Fahrt mit der Nebelhornbahn inklusive anbieten. Die ist nämlich ziemlich teuer.

Inzwischen hat die Nebelhornbahn aufgerüstet und neue, größere Kabinen angeschafft.

Die Alternativen

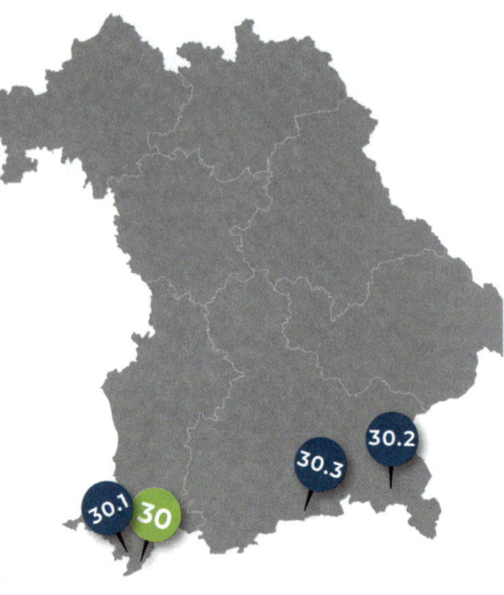

Auch im Winter bringt die Hörnerbahn Wanderer hinauf.

1 Hörnerbahn

So ganz scheint der Plural nicht zu stimmen, denn die Hörnerbahn fährt ausschließlich zum Bolsterlanger Horn hinauf, das Riedberger Horn und die anderen Gipfel der Hörnergruppe muss man sich erlaufen. Aber der Name stammt von den Hörnerdörfern zu Füßen der Bergkette, die nach dem Zweiten Weltkrieg gemeinschaftlich deren touristische Erschließung in Angriff nahmen: Bolsterlang, Ofterschwang, Obermaiselstein, Fischen und Balderschwang. Die heutige Sechser-Kabinenbahn stammt von 2001, ein Vorläufer ging schon 1960 in Betrieb. Die Seilbahn dient als Zubringer in den Naturpark Nagelfluhkette. Das weitläufige Wandergebiet gestaltet sich topografisch gesehen etwas sanfter – das Bolsterlanger Horn ist nur 1586 Meter hoch, und die Seilbahn überbrückt in zwei Sektionen lediglich 600 Höhenmeter. Eine einzigartige Besonderheit sind die Winterwanderwege in der Höhe: Beispielsweise wird der Panoramaweg von der Bergstation bis zum Berghaus Schwaben im Winter präpariert, sodass man die Runde über das Bolgental auch ohne Schneeschuhe laufen kann – immer begleitet vom phänomenalen Ausblick auf die Allgäuer Bergwelt und auf das Nebelhorn.

Hörnerbahn, Hörnerstraße 12–16, 87535 Bolsterlang, www.hoernerbahn.de

// Downhill

Ein einfaches Ticket reicht übrigens für die Seilbahn, denn hinunter düst man mit einem sogenannten Mountaincart – eine Art Kettcar. Die asphaltierte Piste reicht vom Gipfel bis zur Talstation und überwindet 600 Höhenmeter.

Des Chiemgaus schönster Aussichtspunkt: der Hochfelln

2 Hochfelln-Seilbahnen

Manchmal ist nicht der Berg das Besondere, sondern das, was er überblickt: Der Hochfelln wird gern Chiemgauer Aussichtsterrasse genannt, weil ihm der gesamte Chiemsee zu Füßen liegt und man bis nach Tirol und weit ins Salzburger Land hineinschaut. Dass dieser Blick ganz ohne langwierige Wanderung zugänglich ist, dafür sorgt seit 1970 die Seilbahn. 1000 Höhenmeter werden auf knapp fünf Kilometern überbrückt, was die Hochfellnbahn zur zweitlängsten Gondelbahn Deutschlands macht.

Das Gipfelkreuz liegt auf 1674 Metern und keine 200 Meter von der Bergstation entfernt, ist also ebenso einfach zu erreichen wie der große und kleine Rundwanderweg. Einkehr ist sowohl dort als auch an der Mittelstation möglich, Letztere bietet gleich zwei Almen samt Panoramaterrasse, von wo man an schönen Tagen Paraglider beobachten kann. Der Gipfel des Hochfelln ist ein beliebter Absprungpunkt für Gleitschirmflieger, die dann mit dem Chiemsee vor Augen in Richtung Landeplatz bei Bergen segeln – so ein Tandemflug ist natürlich auch eine Möglichkeit, ins Tal zurückzukommen, wie wär's?

Talstation Hochfelln-Seilbahnen, Maria-Eck-Straße 8, 83346 Bergen, www.hochfelln-seilbahnen.de

// Umsteigemöglichkeit

Die Hochfelln-Seilbahnen fahren in zwei Etappen zum Gipfel, auf der Mittelstation muss man umsteigen. Also kann man diese zum Ausgangspunkt einer Gipfelwanderung machen oder dorthin von oben absteigen (3,5 Kilometer, 600 Höhenmeter).

Wallfahrt mit Kabinenbahn und Tegernseeblick

3 Wallbergbahn

Der Wallberg ist insbesondere für die Oberbayern selbst ein Lieblingsziel, ein Witzbold schrieb einmal, dort seien die Ursprünge des Begriffs »Wallfahrt« zu suchen. Auch dort ist es ein Gewässer, dass einem den Atem raubt: der Tegernsee. Die Bahn startet in Rottach-Egern unmittelbar am Südufer und lässt den See während der Bergfahrt kleiner und kleiner werden, die Kabineninsassen schweigsamer und schweigsamer. Die Steigung beträgt bis zu 74 Prozent, es geht gefühlt fast senkrecht in die Höhe: Die Wallbergbahn ist ein Berglift, der einen nach nur zehn Minuten Fahrt auf 1624 Metern wieder ausspuckt. Vom Plateau der Bergstation bis zum eigentlichen Gipfel ist es ein kleiner Spaziergang von gut zehn Minuten, den man getrost wagen kann. Im Winter oder bei schlechtem Wetter bleibt einem immer noch das Vergnügen der Einkehr, und auf Ausblick muss keiner verzichten: Das Panoramarestaurant heißt nicht umsonst so, die schindelbedeckte, wettergegerbte Hütte wurde 1998 um einen 270-Grad-Glaspavillon ergänzt: Von Tegernsee und Alpenvorland, von Zugspitze bis Großglockner bleibt die ganze Pracht im Blick, während man sich an rustikalen Klassikern gütlich tut. Im Winter beginnt unterhalb des Restaurants die längste präparierte Rodelpiste Deutschlands, Schlitten entleiht man vor Ort, eine kleine Einweisung inklusive – dann geht es 6,5 Kilometer hinab!

Talstation Wallbergbahn, Wallbergstraße 26, 83700 Rottach-Egern, www.wallbergbahn.de

// Fotomotiv

Unbedingt die kleine Kapelle beim Panoramarestaurant besuchen – diese steht leicht erhöht auf einem Vorsprung und gibt ein perfektes Fotomotiv ab.

Wettersteingebirge mit Zugspitze

#Bergpanorama

31 Eibsee

Bayerische Karibik nennt man den Eibsee, und meint die Inselchen und das türkisschimmernde Wasser – Winterhalbjahr und Wassertemperaturen werden dabei ausgeblendet. Ebenfalls wenig karibisch wirkt der massive Riegel, der jenseits des Sees den Ausblick versperrt: das Zugsteinmassiv. Vom Ufer erkennt man sogar die Trasse der Seilbahn. Man ist so nah dran am Gebirgsstock, dass sich keine Ansiedlung oder Straße mehr dazwischenschiebt: An das Wasser schließt vielmehr Wald an, der in Fels übergeht. Wunderschöne, prächtige Bergwildnis, die jedoch mit Wanderwegen gut erschlossen ist: Der Eibseerundweg dauert etwa zwei Stunden und wird unter den schönsten Spazierwegen Bayerns jeweils auf den vorderen Plätzen gelistet – übrigens auch im Winter märchenhaft! Schwimmen ist erlaubt, es gibt diverse Badestellen, aber den Inselchen kommt man im (Leih-) Ruderboot am besten nahe – damit schippert man durch den ganzen Archipel und kommt sich tatsächlich ein wenig vor wie in der Karibik.

Eibsee, 82491 Grainau, www.eibsee.de

// Knackige Radtour

Ab Grainau geht es auf der Forststraße über den Eibseeblick bis zur Hochtörlehütte auf österreichischer Seite: Unterwegs genießt man traumhafte Aussicht sowohl auf den See als auch die Zugspitze (neun Kilometer einfach).

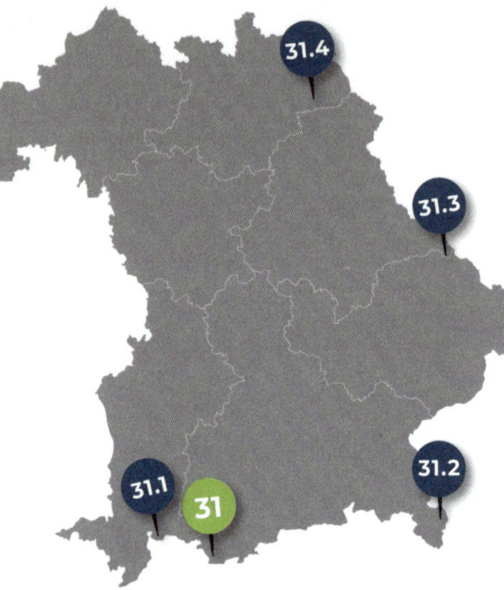

1 Ostlerhütte

Will man hoch hinaus, dann kommt man um Berghütten nicht herum: als Ausflugsziel und wegen des Panoramas – oder als Übernachtungsmöglichkeit und Ausgangspunkt für den nächsten Tag. Die Allgäuer Ostlerhütte bietet beides, Schlafplätze und Verköstigung für Tagesgäste. Sie befindet sich auf dem Breitenberg hinter Pfronten in luftigen 1838 Metern, und zwar direkt auf dem höchsten Punkt! Allerdings kommt man nur zu Fuß hin, muss jedoch nicht vom Tal hochsteigen: Erst mit der Breitenbergbahn ab Pfronten, dann bis zur Bergstation der Hochalpbahn, und schon hat sich der Weg auf eine halbe Stunde verringert. Auf der Ostlerhütte erwartet einen dann ein 360-Grad-Panorama: Die Aussicht ins Tal ist schon mal nicht schlecht, aber das eigentliche Bergpanorama ergibt sich zur anderen Seite hin, zu den beiden Felsgipfeln des Aggensteins. Noch etwas weiter und schon ganz in Österreich liegen mit Brentenjoch und Roßberg zwei weitere Gipfel, die fast 2000 Meter hoch sind und mit denen man von der Ostlerhütte aus auf Augenhöhe ist. Die Höhenlage sorgt zudem dafür, dass oftmals Pfronten und das ganze Tal unter Wolken liegt, nicht aber die Höhenzüge und die Gipfel.

Ostlerhütte, Auf dem Breitenberg 6, 87459 Pfronten, www.die-ostler-huette.de

Auf dem Weg zur Hütte

// Burgblick

Bei Weitem nicht so hoch, aber ebenfalls mit einem Rundblick gesegnet ist die berühmte Burgruine Falkenstein, ebenfalls bei Pfronten.

2 Aschauer Weiher

Perspektivische Verzerrung sorgt dafür, dass Berge aus der Nähe an Imposanz verlieren. Die ganze Macht eines Massivs sieht und spürt man nur aus relativer Entfernung: Vom Aschauer Weiher bei Bischofswiesen ist es der Watzmann, der automatisch alle Blicke auf sich zieht. Das gleichnamige Naturbad ist zwar ein guter Anlaufpunkt, aber das Panorama genießt man auf der gesamten Aschauerweiherstraße, die etwas höher liegt als Berchtesgaden und damit den Blick über Almen auf die Höhenzüge freigibt. Traumhaft insbesondere abends, also zum Alpenglühen, denn der Watzmann zeigt sich samt Frau und Kindern – eine Ansicht, die sich nur von Norden bietet: Der Sage nach handelt es sich um eine versteinerte Königsfamilie, König Watzmann bildet den Hauptgipfel, seine Frau den Nebengipfel und die Kinder die Kette kleinerer Gipfel dazwischen. Der Fluch einer Bäuerin habe den grausamen König zu Stein verwandelt, das Blut der Familie sei zu Königs- und Obersee zusammengeflossen! Die Geologie ist anderer Meinung und macht den verwitterungsresistenten Kalkstein für die eindrucksvolle Formation verantwortlich. *Aschauer Weiher, Aschauerweiherstraße 85, 83483 Bischofswiesen, www.berchtesgaden.de/naturbad-aschauerweiher*

Baden mit Watzmannblick

// Märchenhaft

Der Märchenpfad direkt beim Weiher kommt auch nicht ohne Panoramablick aus, bietet aber zudem figürlich dargestelltes Märchenpersonal, das es zu erraten gilt.

Die Gipfel des Fichtelgebirges rahmen in Hufeisenform die Wunsiedeler Hochfläche ein.

3 Großer Arber

Allzu viel Dramatik darf man von einem abgeschliffenen Mittelgebirge nicht erwarten, wohl aber Weite. Einen Überblick über das Bergland und die Wellenlinien des Bayerischen Waldes bietet dessen höchster Punkt, der Große Arber – mit 1455 Metern immerhin der höchste Berg Bayerns, mal abgesehen von den Alpen. Von Bayerisch Eisenstein, unmittelbar an der tschechischen Grenze, fährt man zur Talstation der Arber-Bergbahn, kann jedoch in einer guten Stunde auch zum Gipfel laufen. Schon von dort sieht man weit ins Land, insbesondere der Böhmische Wald liegt im Blick – die eigentlichen Aussichtspunkte liegen jedoch hinter dem höchsten Punkt: Die beiden vorgelagerten Nebengipfel Bodenmaiser Riegel und Großer Seeriegel öffnen Panoramen bis in die Täler, an klaren Tagen sogar bis zu den Alpen! Der gesamte Gipfelbereich ist abgeflacht (häufig aber kalt und windig bis stürmisch!) und mit breiten Spazierwegen ausgestattet, sodass der Ausflug auf den »König des bayerischen Waldes« mit Kindern oder Kinderwagen gut funktioniert. Auch ein Gesamtaufstieg von Bayerisch Eisenstein aus ist möglich und wird unterwegs mit dem Blick auf den Großen Arbersee belohnt, schlägt aber mit knapp zehn Kilometern zu Buche. *Großer Arber, 94252 Bayerisch Eisenstein, www.arber.de*

// Zwilling

Wo ein Großer Arber ist, da muss auch ein Kleiner sein: wenige Kilometer entfernt, unwesentlich niedriger mit 1384 Metern, samt Kleinem Arbersee zu Fuß ab Bodenmais oder von Schrauben aus gut zugänglich.

4 Fichtelgebirge

Rund um die Wunsiedler Hochfläche erheben sich die sanften Gipfelzüge des Fichtelgebirges – die beiden höchsten sind Schneeberg und Ochsenkopf mit 1051 und 1024 Metern. Zwölf Gipfel sind es mit der Großen Kösseine am südlichsten Punkt und dem Großen Kornberg im Nordosten insgesamt. Genau im Mittelpunkt dieses Hufeisens liegt Röslau und gleich dahinter eine Anhöhe, die den Namen Zwölfgipfelblick trägt – ziemlich sicher der einzige Ort, an dem man alle Fichtelgebirgsgipfel gleichzeitig in den Blick bekommt! Die dortige kleine Parkanlage wurde von einem Lehrer in den 1950er Jahren angelegt, später ein Granitfindling aufgestellt und ein kleiner Pavillon. Richtig bekannt ist der Ort aber bis heute nicht, obwohl die Gemeinde an der touristisch erschlossenen Porzellanstraße liegt und den geografischen Mittelpunkt des Gebirgszugs bildet. Sollte man sich also merken, und sobald es in Richtung eines der Gipfel geht, dort einfach Station machen.

Zwölfgipfelblick, 95195 Röslau,
www.fichtelgebirge.net/fichtelgebirge/aussichtspunkte/12-gipfelblick-bei-roeslau

// Zum Mitnehmen

Im idyllischen Thuswald gleich hinter Röslau muss die Eger ein paar Stufen überwinden und bildet einen kleinen Wasserfall – den kann man ebenfalls unterwegs gut noch anschauen oder dort die Picknickplätze für eine Pause nutzen.

Wo Bayerischer und Böhmerwald ineinander übergehen

#Gipfelglück

32 Zugspitze

Mit der Zugspitze ist es ein bisschen wie mit dem Everest: Man muss hinauf, einfach weil es sie gibt! Bergsteigerische Fähigkeiten sind für den mit 2962 Metern höchsten Gipfel Deutschlands aber nicht nötig, man muss sich lediglich für ein Verkehrsmittel entscheiden: Mit der nostalgischen Zahnradbahn gleich ab Garmisch zum Zugspitzblatt, die neue Gipfelseilbahn von Grainau aus nehmen, oder lieber die Tiroler Zugspitzbahn ab Obermoos? Drei Möglichkeiten, ein Ziel: Einmal oben stehen, einmal den Vier-Länder-Blick von der Gipfelterrasse genießen! Über 400 Alpengipfel schweift der Blick – bis zu 250 Kilometer weit kann man sehen, an klaren Tagen bis zur Marmolata in den Dolomiten zur einen und bis nach München zur anderen Seite! Betrieb ist das ganze Jahr über, auf der Zugspitze liegt auch das höchste Skigebiet Deutschlands mit 20 Kilometern an Gletscherpisten.

Zugspitze, 82467 Garmisch-Partenkirchen, www.zugspitze.de

// Sportlich

Kondition und technisches Können vorausgesetzt, kommt man auch zu Fuß hoch. Allerdings heißt das Höllental nicht umsonst so, und 2200 Höhenmeter muss man auch erstmal schaffen.

Die Zugspitze lässt tief blicken

Die Alternativen

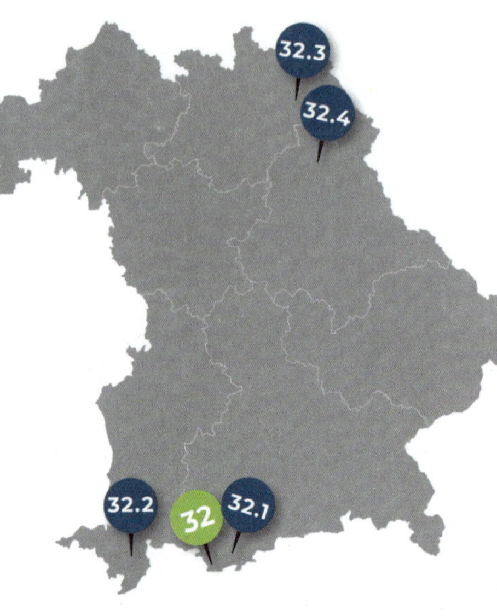

Schon während des Aufsstiegs ergeben sich Blicke auf die Zugspitze.

1 Wank

Die Alternative zur Zugspitze liegt im Wortsinn nah, nämlich schräg gegenüber. Der Wank mit seinen 1780 Metern hat gleich zwei Vorteile: Erstens schafft man das auch zu Fuß und zweitens sieht man die Zugspitze. Fast 2000 Meter klingt erstmal hoch, aber Garmisch-Partenkirchen liegt ja schon auf 700 Metern – und man kann natürlich auch die Bergbahn nehmen. Die Wankbahn ging schon 1929 in Betrieb und galt damals den Oberstdorfern als Vorbild für die Erschließung der Alpen im Allgemeinen und die Nebelhornbahn im Besonderen. Die heutige Seilbahn ist jedoch ein Neubau von 1982, der auf einer Trasse außerhalb von Partenkirchen auf den Berg führt. Bevor man daher zur Talstation läuft, kann man auch gleich den Gipfel in Angriff nehmen: Gipfelglück besteht zu einem nicht unerheblichen Teil darin, den Aufstieg selbst gemeistert zu haben. Die körperliche Anstrengung ist für das Hochgefühl mitverantwortlich, nicht die Aussicht alleine. Wenngleich diese vom Wank aus in der Tat sagenhaft ist: Wir überschauen Karwendel, Loisachtal und rechter Hand in ganzer Pracht das Wettersteingebirge mit Zugspitze – sogar das Höllental lässt sich ausmachen.

Wank, 82467 Garmisch-Partenkirchen, www.zugspitz-region.de/tour/wandern-im-heilklima-rund-um-den-panoramaberg-wank

// Einstieg

Der Fußweg beginnt in Partenkirchen bei der Wallfahrtskirche St. Anton und führt innerhalb einer halben Stunde zur Daxkapelle – schon das ist ein schöner Aussichtspunkt auf Zugspitze und Ammergebirge!

zten paar Meter bis zum Gipfel muss man Gestein: das Krönchen des Grüntens.

2 Grünten

Der Grünten ist eigentlich ein recht sanfter Berg, wäre da nicht dieses Felskrönchen, das die letzten 200 Meter von der Rettenberger Seite aus etwas erschwert. Kletterei ist nicht erforderlich, Trittsicherheit schon – manche Stellen sind mit Stahlseilen gesichert. Für all das aber wartet am Gipfel die entscheidende Belohnung: der Blick bis nach Oberstdorf und in die Alpen zur einen, nach Immenstadt und auf den Alpsee zur anderen Seite. Jetzt ist auch endgültig klar, warum man vom »nur« 1738 Meter hohen Grünten als dem Wächter des Allgäus spricht: Er übersieht in der Tat fast das gesamte Oberallgäu. Außerdem fing mit dem Grünten der Bergtourismus so richtig an: 1854 ließ der Unternehmer Carl Hirnbein ein Hotel samt Aussichtspavillon an den Hang bauen. Das Grüntenhaus war das erste seiner Art und existiert noch heute, es liegt auf der Route nach Sonthofen nur wenige Meter unterhalb des Gipfels. Hirnbein gilt heute als »Alpkönig«, nicht nur wegen seiner Touristikvision, sondern auch, weil er sich in der Schweiz die Hartkäsebereitung abgeschaut und so das gesamte Allgäu entscheidend geprägt hat.

Grünten, 87545 Burgberg im Allgäu, www.alpsee-gruenten.de

// Etwas klamm

Am Fuße des Grünten, unweit von Burgberg, liegt die grandiose Starzlachklamm. Kostet etwas Eintritt, ist aber schon wegen der Erschließung mit Wegen und Stegen jeden Cent wert. Von den Eindrücken ganz zu schweigen.

3 Schneeberg

Gipfelglück muss nicht hoch liegen, gut 1000 Meter reichen auch – um zum Beispiel auf dem höchsten Berg Frankens zu stehen, dem Schneeberg im Fichtelgebirge. Im Gegensatz zum Ochsenkopf, der direkt gegenüber liegt, ist der Schneeberg nicht mit einer Seilbahn erschlossen. Der ganze Berg ist Naturschutzgebiet, man muss zu Fuß rauf, was aber bei knapp 300 Höhenmetern (zum Beispiel ab dem Seehausparkplatz an der B303, alternativ von der Höhenklinik bei Bischofsgrün aus) kein großes Problem ist – zumal breite Waldwege bergan führen. Einen ersten Aussichtspunkt erreicht man mit dem Haberstein, richtig Übersicht gewinnt man vom kleinen Aussichtsturm auf dem Gipfel, dem sogenannten Backöfele: Nicht nur Franken, auch Thüringen und Tschechien liegen vor einem, der Ochsenkopf nicht zu vergessen.

Der Gipfel ist erst seit 1996 wieder zugänglich, zuvor handelte es sich um militärisches Sperrgebiet aufgrund der Fernmeldeüberwachungsanlagen. Diese stehen noch, werden aber inzwischen als Forschungsstation betrieben.

Schneeberg, 95493 Bischofsgrün, www.fichtelgebirge.net/fichtelgebirge/berge/schneeberg

// Zur Quelle

Am Schneeberg entspringt die Eger, ein kleines Denkmal markiert den Ort unweit der Straße von Bischofsgrün nach Weißenstadt.

Wollsackverwitterung nennt man die pfannkuchenartigen Granitschichten.

Ein bisschen kann man den ehemaligen Vulkan noch erahnen.

4 Hoher Parkstein

Gut, der Hohe Parkstein kommt nur auf 595 Meter. Wenn er trotzdem Gipfelglück bedeutet, dann weil es sich um einen Basaltkegel handelt – um den Förderschlot eines lange schon erloschenen Vulkans, der komplett verwittert ist, während nur das härteste Gestein noch steht. Eigentlich handelt es sich daher auch um keinen Berg, sondern um ein sogenanntes Geotop aus erstarrtem Magma. Soll uns aber nicht stören, denn ein Geopfad führt in fünf Stationen hinauf und erläutert erdgeschichtliche Eckdaten der Gegend. Bis Mitte des 18. Jahrhunderts stand ganz oben eine Burg, die jedoch komplett abgetragen wurde, die Quadersteine des Pulverturms wurden zum Beispiel für die Weidener Stadtkirche wiederverwendet – eine Art frühes Upcycling. Heute krönt den Parkstein eine Kapelle von 1851. Alexander von Humboldt war übrigens auch schon mal oben, weil sehr an Vulkanen interessiert. Allerdings noch zu einer Zeit, zu der man glaubte, brennende Kohlenflöze unter der Erde seien für Magmaeruptionen verantwortlich. Dass der ganze Planet unter seiner erstarrten Hülle flüssig ist, das konnte ja keiner ahnen!

Hoher Parkstein, 92711 Markt Parkstein, www.parkstein.de

// Musealer Ausgangspunkt

Dem ehemaligen Vulkan ist ein kleines Museum direkt in der Ortschaft Markt Parkstein gewidmet: Das Vulkanerlebnis Parkstein ist ein guter Ausgangspunkt für den Geopfad.

Unter Bergahornen geht es den letzten Kilometer zum Oytalhaus

33 Oytal

Es liegt nicht nur an der Bergkulisse: Das Oytal wirkt auch deswegen so wildromantisch, weil es keine Ansiedlungen gibt, es aber dennoch erschlossen ist. Den letzten Kilometer zum Oytalhaus wandelt man unter einer schmucken Bergahornallee. Angelegt hat sie der allererste Wirt, der auch den Gasthof erbaut hatte und schon 1897 wusste, was die Zukunft bringen würde: Gäste! Inzwischen kommen sie zuhauf. Allerdings wandern die wenigsten weiter als bis zum Gasthof, obwohl mit dem Stuibenfall und der einsamen Käseralpe die eigentlichen Highlights des Tals noch folgen. Getrost kann man daher das Tal weiterwandern, erst auf der Käseralpe einkehren und dann auf dem Rückweg abkürzen: Am Berggasthaus Oytalhaus gibt es Roller zu leihen, mit denen man über die Fahrstraße im Nu in Oberstdorf zurück ist. Allerdings erst ab dem späteren Nachmittag, weil die Kutschfahrer sonst zu kurz kämen, die die gleiche Route bewirtschaften.

Oytal, 87561 Oberstdorf,
www.oberstdorf.de/dorfleben/doerfer-taeler/oytal.html

// Winterwanderung

Das Oytalhaus hält auch im Winter offen, und der Fahrweg ist zumindest grob vom Schnee befreit – wunderbarer Winterausflug mit Einkehr und Aufwärmen!

Die Alternativen

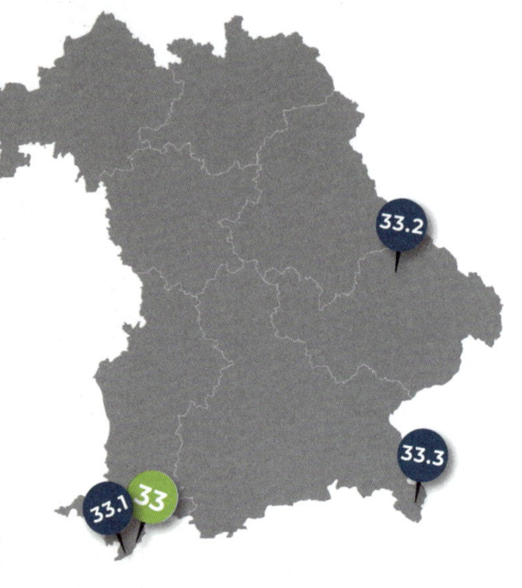

1 Einödsbach

Der Weiler Einödsbach markiert den Eingang zu einem schmalen, tief eingeschnittenen Hochtal, dem Bacher Loch. Man muss erst einmal hinauf zum südlichsten dauerhaft bewohnten Ort Deutschlands. Und zwar über die letzte Station des Busnetzes ab Oberstdorf, die Alpe Eschbach. Statt geradeaus in das Rappenalptal weiterzugehen, folgt man der Fahrstraße, die linker Hand durch den Wald nach oben zieht. Vom Einödsbach-Gasthof hat man einen so wunderbaren Blick auf die Mädelegabelgruppe oberhalb des Hochtals, dass man es dort schon gut sein lassen könnte. Allerdings beginnt hier der Spaß erst, denn durch das gesamte Bacher Loch führt ein markierter Wanderpfad. Dieser endet am Talschluss nicht, sondern steigt über zwei Aluminiumbrücken über die Felsstufe des Wändele weiter hoch gen Waltenberger Haus – eine Berghütte des Alpenvereins auf über 2000 Metern. So hoch muss man aber gar nicht kommen, um von der Ruhe und der Großartigkeit der hochalpinen Natur samt zweier Wasserfälle beeindruckt zu sein.

Einödsbach, Einödsbach 1, 87561 Oberstdorf, www.einoedsbach.de

// Immer geradeaus

Wie gesagt, Rappenalptal ist auch keine schlechte Idee, aber langwieriger. Das Tal zieht sich schier endlos und daher ist Fahrradfahren bis zur Schwarzen Hütte die bessere Lösung. Anschließend kann man immer noch zu Fuß weiter Richtung Schrofenpass.

Von Einödsbach aus geht es schnurstracks in den Hauptzug der Allgäuer Alpen mit der Mädelegabel.

2 Perlbachtal

Weniger alpin: das Perlbachtal bei Neukirchen im Bayerischen Wald, also der gleichnamige Naturerlebnispfad und Rundwanderweg. Der Name ist etwas verwirrend, denn bei dem Bach handelt es sich um den Bogenbach. Der Name Perlbach bezieht sich auf die Flussperlmuscheln, die allerdings gerade am Aussterben sind. Nicht wegen des Raubs etwaiger Perlen, die sind äußerst selten, sondern wegen der Gewässerverschmutzung. Eine Perle ist das Flusstal gleichwohl: Von Neukirchen aus taucht man ab in Auwälder und geht entlang eines Bachs, der seinem eigentlichen Namen alle Ehre macht, so windungsreich geht es durch ein grünes Biotop. Zum Glück weisen die kleinen Schilder am Wegrand Flora und Fauna aus, sodass man zumindest weiß, womit man es zu tun hat. Schon nach gut zwei Kilometern scheint erstmal Schluss zu sein, und das wäre schade, ginge es nicht hinter Steinach auf einer anderen Route und am anderen Flussufer zurück zum Ausgangspunkt. Anstrengend ist das Ganze nicht, lediglich etwa 100 Höhenmeter fallen an, aufgrund des Naturpfads und des Wurzelwerks ist der Spaziergang allerdings mit Kinderwagen trotz der Kürze nicht machbar.

Naturerlebnispfad Perlbachtal, 94362 Neukirchen, www.sehenswerter-bayerischer-wald.de/erlebnispfad-perlbachtal-neukirchen-wandern/

// Am Wegrand

Auf dem Rückweg von Steinburg kommt man am gleichnamigen Schloss vorbei, das Eingangsportal liegt nur wenige Meter von der Wegführung entfernt. Besichtigen geht aber nicht, hier wird noch gewohnt, aber die Schlosskapelle steht direkt am Wegrand.

Feucht und wassergesättigt zeigt sich das Perlbachtal selbst im Hochsommer.

Das Foto täuscht: Das Wimbachtal wird schnell hochalpin.

3 Wimbachtal

Das Bergsteigerdorf Ramsau lässt verstehen, warum gerade hier Landschaftsmaler generationenübergreifend ihre Motive gefunden haben – Sujets der Hochalpen, die bis heute das Bild ganz Bayerns prägen. Dabei stehen wir erst am Anfang des Wimbachtals, das sich noch zehn Kilometer bis zur Passhöhe zwischen Watzmann und Steinernem Meer erstreckt. Hinter Ramsau verengt sich das Tal zu einer kurzen Klamm, Stege führen hindurch und Wasser rieselt von den Hängen. Die Klamm ist eine Einbahnstraße, zurück geht es später auf dem Wimbachweg, etwas oberhalb der Fahrstraße. Knapp fünf Kilometer sind es bis zur ersten Jausenstation, bis zum Gasthof Wimbachschloss. Schloss heißt der Satteldachbau aber nur, weil von hier aus königliche Gäste zur Jagd aufbrachen, aber das mindert nicht die malerische Lage. Weiter oder umkehren? 300 Höhenmeter haben wir geschafft, weitere 400 stünden bis zur von den Naturfreunden bewirtschafteten Wimbachgrieshütte an. Wir liefen aber Gefahr, dass es dort oben, wo die Watzmannüberschreitung endet, noch uriger und gemütlicher wird, und das wollen wir nicht riskieren. Obwohl: Übernachten kann man da auch, es gibt sogar ein Bettenlager – da wird doch noch ein Plätzchen frei sein?

Wimbachtal, 83486 Ramsau bei Berchtesgaden, www.berchtesgaden.de/wandern/see-klamm-wanderungen/wimbachklamm-wimbachgries

// Abkürzung

Die Wanderung lässt sich abkürzen, indem man einfach nach der Klamm über den Fahrweg zurück nach Ramsau läuft. Das sind dann lediglich zwei Kilometer – ein Spaziergang, aber ein spektakulärer!

WIR MACHEN EINEN AUSFLUG!

IN BAYERN

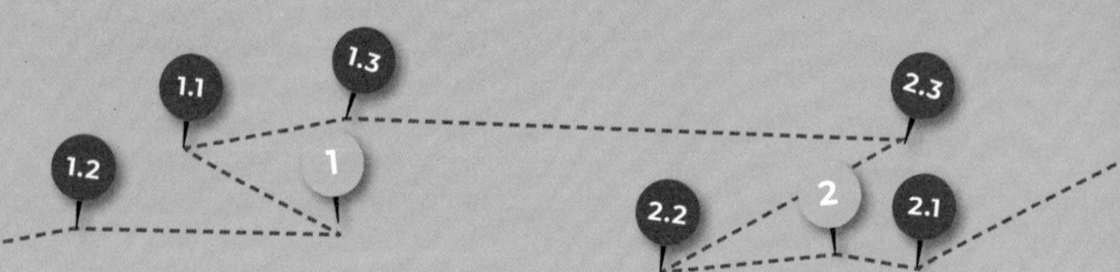

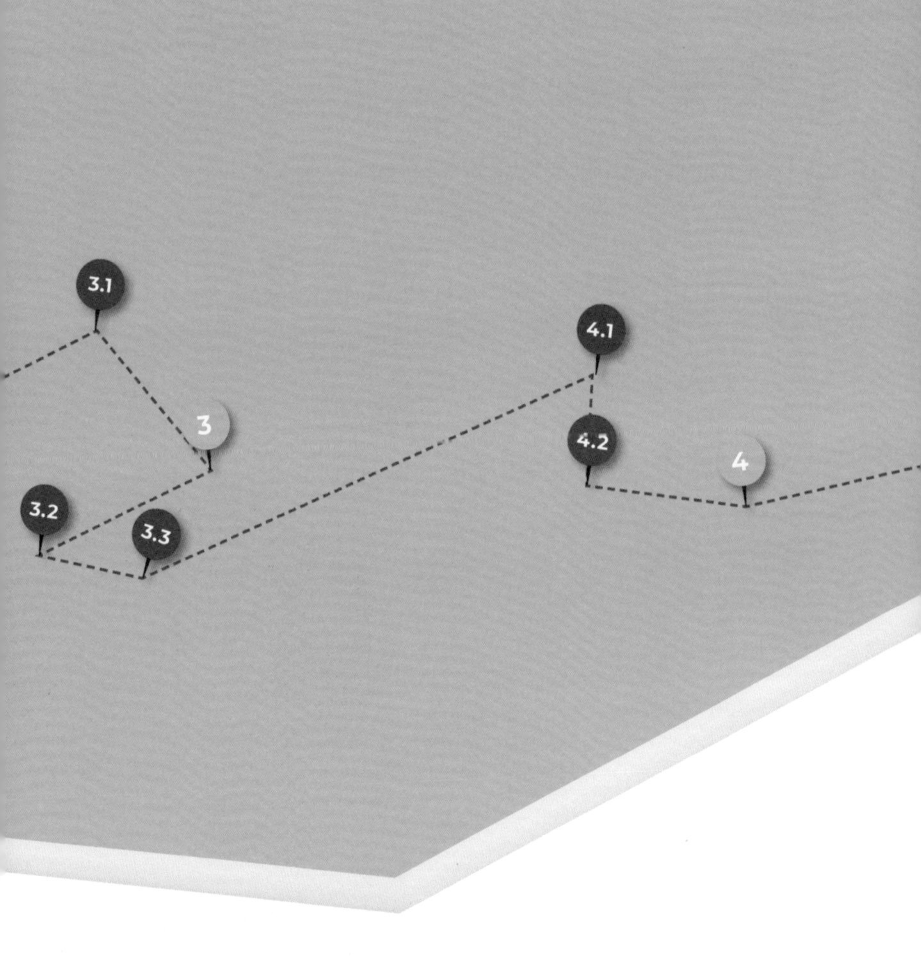
3.1
3
3.2
3.3
4.1
4.2
4

WIR MACHEN EINEN AUSFLUG!

Mal angenommen, man will nicht den ganzen Tag mit Neuschwanstein verbringen und auch noch was anderes in den Tag packen – und zum Beispiel wandern oder baden gehen. In diesem Fall gilt: Die gute Kombi macht den perfekten Ausflug!

Propyläen

Lenbach-Haus

Ammersee

#Geschichte live

#Kunstorte

#Bootsvergnügen

// Im Südosten

Propyläen 9.1 und Lenbachhaus 17 sind direkte Nachbarn, kein Problem, das an einem Vormittag unterzubringen. Anschließend hinaus an den Ammersee 22.1 für eine Fährfahrt!

// Im Südwesten

Im Allgäu ist so viel los, dass es auf ein ganzes Wochenende hinausläuft. Am ersten Tag erstmal auf das Nebelhorn 30, möglichst früh, um nachmittags noch ins Oytal hinauszuwandern 33. Anderntags geht es mit der Hörnerbahn 30.1 zur anderen Talseite hinauf, danach steuern wir auf der Rückfahrt Bad Hindelang an, um dort in den Hirschbachtobel 26.3 einzusteigen. Muss ja nicht bis ganz oben sein.

Amberg

#Malerische Altstadt

#Architekturikone

#Über allen Wipfeln

Elebnisholzkugel

Glaskathedrale

// Im Nordosten

Den gesamten Vormittag haben wir uns in der Amberger Altstadt 7.2 verlustiert, sind eingekehrt und haben Eis geschleckt. Bevor es an den See geht, muss es noch etwas Modernes sein nach all dem Mittelalter, deshalb schauen wir kurz bei Walter Gropius' Glaskathedrale 14.1 vorbei – fast ohne Zeitverlust, denn der steht am Ortsausgang vom Amberg und damit auf dem Weg in die Oberpfälzer Seenlandschaft. Bei Steinberg am See klettern wir schließlich noch auf die Aussichtsplattform der Erlebnisholzkugel 25.2, bevor es zum Schwimmen geht.

#Barocke Perle

#Rebgarten

#Dorfschönheit

IM NORDWESTEN

// **Im Nordwesten**

Castell

Natürlich kann man mit Würzburg und der Residenz 3 einen ganzen Tag verbringen, aber wir wollen noch nach Castell an den Steigerwald 2.1, die Silvanerlagen sehen und vielleicht den einen oder anderen Bocksbeutel kaufen. Abends dann kehren wir an den Main zurück und schauen in Sulzfeld 21.3 vorbei, um zu sehen, ob das wirklich stimmt mit der Meterbratwurst …

Sulzfeld

rzburger Residenz

REGISTER

Im Norden Nürnbergs hoch über der Altstadt prangt die Burg.

BILDNACHWEIS

Titelbilder:

- Oben: Schloss Neuschwanstein; Foto: Shutterstock.com (telesniuk)
- Unten: Schloss Mespelbrunn im Spessart; Foto: Shutterstock.com (leoks)

Innenteil:

Erlebniswelt Velburg GmbH: S. 154/155
Feigfotodesign: S. 92/93 (Alexander Feig)
Janneke van der Linden: S. 224
Jörg Dauscher: S. 8, 8, 44/45, 8/9, 56, 9, 9, 54/55, 9, 22, 22/23, 28, 28/29, 30/31, 32, 32/33, 39, 40, 42/43, 50, 51, 57, 58/59, 65 o., 65 u., 66/67, 68, 68/69, 74/75, 76, 78/79, 81, 82, 83, 86/87, 88, 90/91, 92, 214, 94/95, 98, 101 o., 101 u., 102/103, 105, 106, 107, 112, 113, 116/117, 118, 118/119, 122, 129, 130, 130/131, 136, 140, 212/213, 141, 142/143, 148/149, 153, 156/157, 159, 214, 164, 166/167, 213, 170, 171, 174/175, 177, 177, 178, 178/179, 183, 186/187, 200, 200/201, 204/205, 213, 206/207, 213, 214, 218
laif, Köln: S. 195 (Hans Bernhard Huber)
Phil Dera: S. 3
picture alliance, Frankfurt am Main: S. 176 (David Ebener); 132/133 (Peter Schickert)
Shutterstock.com, Amsterdam (NL): S. 20/21 (Agent Wolf); 196/197 (AlexBuess); 38 (Andreas Juergensmeier); 60/61, 202/203 (Andreas Wolochow); 128 (Anne Czichos), 184/185 (Anselm Baumgart); 164/165 (asvolas); 6, 144/145 (been.there.recently); 134/135 (by_studio); 180/181 (canadastock); 34 (Chris Redan); 18/19 (Christian Rueger); 137, 215 (cityfoto24); 64 (Claudio Divizia); 209 (DaLiu); 62/63, 212 (Diego Grandi); 111 (Dirk Daniel Mann); 182 (Dmitry Rukhlenko); 114/115 (engel.ac); 126/127 (footageclips); 110 (FooTToo); 196/197 (franconiaphoto); 162/163 (Frank Kuschmierz); 14, 20, 26 32, 38, 44, 50, 56, 62, 68 (grebeshkovmaxim); 168/169 (gusenych); 146/147 (Guste L); 58 (Harald Lueder); 161 (haraldmuc); 138/139 (Ivanova Tetyana); 2, 198/199 (KazT); 160 (KK imaging); 184 (Kletr); 96/97 (Kutlayev Dmitry); 14 (Kzenon); 172/173 (leoks); 5, 104 (Lestertair); 76/77 (makoto_photo); 26/27, 123, 124/125 (manfredxy); 72/73, 87, 148 (Martin Erdniss); 108/109, 212 (Neighbours Cat); 40/41 (Nemo1963); 26/27 (Oleksii Pyrogov); 70 (Oleksiy Mark); 80 (Oliver Hoffmann); 194 (Pani Garmyder); 88/89 (paparazzza); 158 (Petr Bonek); 100/101 (Reinhard Frank); 12/13 (SCStock); 188/189 (Sebastian Steude); 46/47, 52/53, 70/71, 84/85 (Sina Ettmer Photography); 20, 215 (Steve Heap); 14/15 (Sunday pictures); 190/191 (Tanjala Gica); 46 (Tilman Ehrcke); 154 (Torsten Pursche); 36/37 (Tupungato); 6/7, 192/193 (Vadym Lavra); 4/5, 34/35, 98/99 (Val Thoermer); 120/121 (Video Media Studio Europe); 16/17 (Vladimir Degtev); 202 (Volker Rauch); 208/209 (Wirestock Creators); 24/25, 215 (Woloha); 48/49 (xbrchx)
Südwestdeutsche Salzwerke AG, Salzbergwerk Berchtesgaden: S. 150/151
Wikimedia Commons: S. 152/153 (Janericloebe); 188 (Stefan Oemisch)

IMPRESSUM

// Konzeption: Monique Sorban nach einer Idee von Antje Zimmermann
// Cover- und Buchgestaltung: Carolin Weidemann, Köln, www.weidemann-design.com
// Lektorat & Produktion: Verlagsbüro Wais & Partner, Stuttgart (Sabine Besenfelder, Rainer Maucher, Natasa Sipka; Assistenz: Linus Maucher), www.wais-und-partner.de

Printed in Italy

1. Auflage 2023

ISBN 978-3-616-03159-0

www.dumontreise.de

NOTIZEN

NOTIZEN

JÖRG DAUSCHER

Jörg Dauscher ist im fränkischen Weißenburg aufgewachsen. Wie schön es in der Heimat ist, wurde ihm erst während seiner Berliner Jahre klar. Inzwischen möchte er die Nähe der Berge, die mittelalterlichen Städte, die Flussauen und das ländliche Leben insgesamt nicht mehr missen und hat Berlin den Rücken gekehrt. Was ihm jetzt allerdings fehlt, ist öffentlicher Nahverkehr. Deswegen ist er meist zu Fuß oder mit dem Rad unterwegs. Das Paradies sind immer zwei Orte, behauptet er und sagt: Heimat ist ein Plural.